## 장오성 교무

원광대학교 원불교학과를 졸업하고, 이화여대 대학원에서 여성학을 전공했다. 언론 교육 교화 훈련기관(원불교신문사 영산선학대학교 전무출신역량개발교육팀 배내청소년훈련원 수원교당 금산교당 서전주교당 신광교당 송도교당)을 고루 거치며 교무의 삶을 신명나게 살고 있다. 현재 재가 출가 일반인 타종교인을 대상으로 한 크고 작은 공부방을 꾸려 성리와 일원상진리에 대한 강의를 하고 있으며, 설교학, 여성학 강사로도 활동하고 있다.

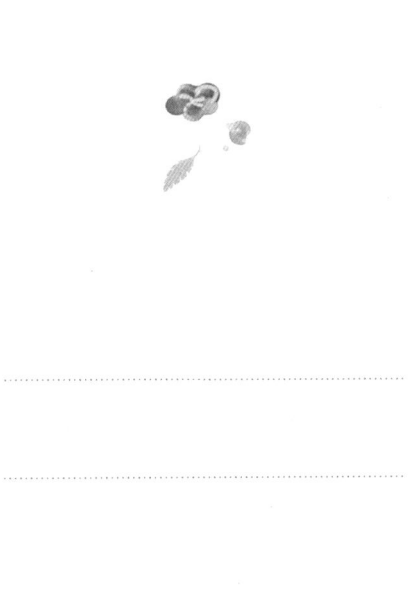

성리로 주는 맛있는 별의품

# 성리로 푸는 맛있는 변의품

장오성 지음

원불교출판사

## 책을 펴내며

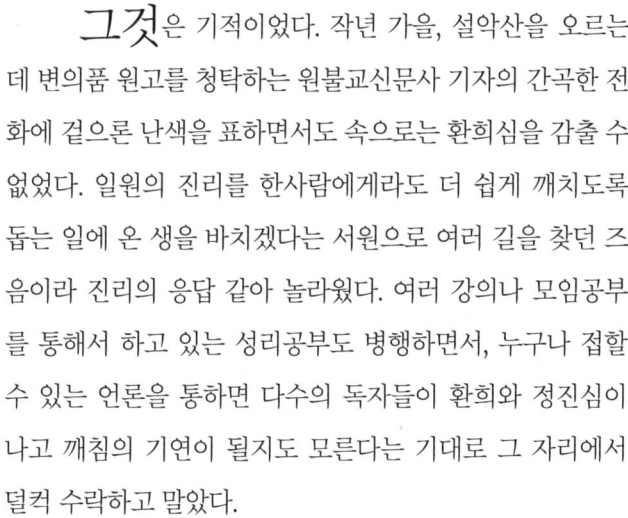

그것은 기적이었다. 작년 가을, 설악산을 오르는데 변의품 원고를 청탁하는 원불교신문사 기자의 간곡한 전화에 겉으론 난색을 표하면서도 속으로는 환희심을 감출 수 없었다. 일원의 진리를 한사람에게라도 더 쉽게 깨치도록 돕는 일에 온 생을 바치겠다는 서원으로 여러 길을 찾던 즈음이라 진리의 응답 같아 놀라웠다. 여러 강의나 모임공부를 통해서 하고 있는 성리공부도 병행하면서, 누구나 접할 수 있는 언론을 통하면 다수의 독자들이 환희와 정진심이 나고 깨침의 기연이 될지도 모른다는 기대로 그 자리에서 덜컥 수락하고 말았다.

그런 시간이 가을 겨울 봄 여름을 한바퀴 돌아 다시 가을바람이 부는 시절이다. 원고가 끝나는 시점인 일년은 그리 길었건만 한주 한주는 쏜살같이 잘도 지나갔다. 잠든 시간 외에 변의품에 대한 사유의 끈을 놓은 적 없이 은혜로운 한해가 흘렀다.

능하지 못해 글을 어렵게 쓰는 편이라, 우연히 옆에서 원고 쓰는 과정을 지켜본 교무님들은 그렇게까지 수없이 읽고 다듬어 쓸 거라곤 상상도 못했다며 혀를 내두른다. 설레며 신문을 기다리게 된다는 많은 분들의 격려와 피드백은, 다소 버겁다 싶은 순간들까지 즐거운 고난으로 대체시키는 원동력이 되어주었다.

언제부턴가 내겐 교전 모든 법문들이 저절로 다 일원으로 귀결되어 이해되는 증상이 생겼다. 만에 일도 안될테지만, 법문마다 대종사님의 본의를 느끼게 된다. 변의품을 공부하면서, 마치 함께 계신 듯한 착각 속에 대종사님의 절절한 마음이 되어, 이 말씀을 하실 때는 이런 심경이셨겠고 이런 염원과 이런 안타까움이 있으셨겠다 헤아리며 문장 속에 차곡차곡 담아나갔다.

언제나 끝이 나려나 아득하기만 했던 시간, 마지막 원고를 쓰고 나면 말할 수 없이 후련할 줄 알았는데 이상하게 아련한 마음까지 드는 건 가을 탓인가 싶다. 이 마지막 원고에 모든 것을 담아내야한다는 간절함이 기도가 되어 행간에 스며들었다.

자성을 반조하며 긴긴 사유 속에 떠오르는 것들을 글로 옮기다보니, 법문 문구에 좀 더 충실하게 풀어내지 못하고 그야말로 제멋대로다. 그런 글을 귀하게 여기며 자꾸 다운받아 읽게 된다는 분들에게 보답하기 위해, 또 누군가는 이로 말미암아 자성을 발견하고, 또 누군가에게는 자성반조를 지속하게 해주는 계기가 되기를 바라는 염원으로 난생 처음 용기를 내 책을 엮는다.

등 떠밀려서가 아니면 자발적인 글쓰기를 하지 않는 어지간히 게으른 내게 온 세상과 소통할 수 있는 기회를 준 원불교신문사에 크게 감사드린다.

원기102년 10월에

장오성 교무 손모음

## 차례

책을 펴내며     05

1장 · 만물은 다 보면서 알고 있다!     13
2장 · 다 보이는 숨바꼭질 놀이     18
3장 · 달을 보게나, 손가락 수집 말고     22
4장 · 우주는 영원히 살아있다!     26
5장 · 견성한 우주과학자 할 사람?     30
6장 · 내가 조선의 국모다!     34
7장 · 만물을 작동시키는 우주발전소     38
8장 · 부처님은 왜 막대기 아닌 꽃을 들었나?     42
9장 · 귀하는 조물주를 만났는가?     46
10장 · 저기요, 극락 가려면 어느 쪽으로 가나요?     50

11장 · 천상의 사람은 키가 크고 옷이 가볍다!     56

12장 · 도깨비　　　　　　　　　　　　　　60
13장 · 무식한 짚신장수에게 길을 묻다　　64
14장 · 기도하기 좋은 고결한 몸은 따로 없다!　68
15장 · 겅가야 비행기　　　　　　　　　　72
16장 · 부처님 잔반 공양소　　　　　　　76
17장 · 인형의 탑　　　　　　　　　　　　80
18장 · 모성과 불보살성　　　　　　　　　84
19장 · 평생 그림자만 섬기다 가랴!　　　　88
20장 · 종교와 도그마　　　　　　　　　　92

21장 · 주세성자의 본사　　　　　　　　　98
22장 · 아깝다, 소태산 불상!　　　　　　102
23장 · 뭣이 중헌디?　　　　　　　　　　106
24장 · 캥거루족을 넘어서　　　　　　　110
25장 · 성자를 둔 부모　　　　　　　　　114

26장 · 빠져나갈 틈이 없구나! 118
27장 · 같은 값이면! 122
28장 · 은밀하게 위대하게 126
29장 · 이로운 것이 궁긍(窮窮)을에 있다 130
30장 · 나를 기다리지 마시오 134

31장 · 성자 악플족 140
32장 · 개벽 TF팀 144
33장 · 계룡산 정도령 148
34장 · 견성 없인 항마 없다! 152
35장 · 그대의 근기를 모르잖소! 156
36장 · 시해법, 그거 어디다 쓰려고? 160
37장 · 앉아서 죽으나 누워서 죽으나 164
38장 · 최고지도자의 자격과 의사결정 168
39장 · 불퇴전위에 오르려 하지 말라 172
40장 · 흰 고양이든 검은 고양이든 176

# 대종경 변의품

1 ~ 10

# 1장

## 만물은 다 보면서 알고 있다!

「물은 답을 알고 있다」라는 책을 흥미롭게 읽은 적이 있다. 그 무정한 물(무정물)이 사람의 언어 따라 각기 다르게 반응하는 이미지들을 본 후론 모든 물이 달리 보였었다. 어떤 이는 밥을 가지고도 어떤 경우엔 검은 곰팡이가 슬었고, 어떤 말에는 누렇게 발효가 되었다는 실험 결과들을 연이어 보여주기도 했다. 무정물이라고 여기는 물이나 밥 같은 것들이 사실은 다 보고 다 알고 있어서 말에 따라 다르게 반응하는 영험한 존재임을 보여준 실험이다.

어디 물이나 밥뿐이랴. 그보다 더한 바위나 무쇠나 책상이나 연필이나 우주안의 모든 것은 다 보고 다 알고 있다.

천지는 식識이 있다! 온 천지 일체만물이 다 식識이 있어 우리가 하는 일체를 다 보고 다 안다.

요즘 의문 하나가 해결되지 않은 채로 남아있다. 사람이 살지 않는 집은 빠른 속도로 폐허가 진행되는데, 사람이 거주하면 허름한 집도 몇백 년을 간다는 사실이다. 기둥만 한 번 만져줘도 오래간다 하니 사람이 가진 기가 얼마나 불가사의한가 싶을 뿐, 정확한 원인은 모른다. 집을 구성하는 모든 요소들도 다 알고 보고 있다는 것은 명확한 사실이다.

우주안 모든 존재, 허공도 다 보고 다 알고 있으니, 무정물이라고 무엇 하나인들 함부로 대할 수 있을까. 하물며 살아있는 존재들이며 최령한 사람이야 말해 무엇하랴. 어린 자녀 앞에서 부모가 하는 모든 언행을 신생아들도 다 보고 듣고 알고 말하고 있다. 때문에 우주만물 어느 것을 대하더라도 부처님을 대하는 바로 그 마음으로 경외심을 가질 수밖에 없다!

우주만물은 그들만의 방식으로 자기를 표현하는 언어를 가지고 있을 것이라는 생각이 든다. 다만 인간의 언어체계와는 달라서 귀로 듣지 못할 뿐이다. 물도 밥도 사람이 마음으로 보낸 언어를 다 알아듣고 변화를 달리 일으키지 않던가. 마음의 언어는 일체만물과 의사소통을 가능하게 한다.

화분을 잘 못 가꾸는 나는 물을 제때 주지 못해 죽게 만드는 일이 잦다. 다른 집 화초들이 싱그럽게 윤기가 좔좔 흐르는 것을 보면서 갑자기 우리 화초들에게 미안한 마음이 들었다. 그간 귀찮은 일거리라 여기고 어쩌다 마지못해 물을 주곤 했으니, 목마르다고, 관심 가져달라고 소리 없는 아우성을 얼마나 했을꼬.

고마워! 미안해! 수고했어! 이런 식으로 다 보고 다 아는 일체만물과 마음과 기운으로 대화하며 살아보면 알게 된다. 동물들도 식물들도 물건이며 공간도 한 기운으로 연하여 살랑살랑 우쭐거리며 좋아하는 것을. 이럴 때는, 내가 하루 종일 움직이는 모든 육근작용은 귀찮거나 하찮거나 해야만 하는 일거리가 아니라, 다 보고 알고 있는 천지만물에 대한 신앙이며 불공이 된다. 이때 수행은 저절로 함께 있다. 따로이 신앙처를 찾고 수행할 시간이 없다며 넋두리 하는 것은 얼고자하는 것들과 완벽히 등진 삶이며 불행이며 고통이다.

허공과 일체 무정물과 일체 식물과 일체 동물과 일체 인류를 영험한 식識을 가진 부처로 대하며 소통하고 산다면 처처불상 사사불공이 편만한 낙원세상이 어디 다른 곳에 있으랴.

# 1

대종사 선원 경강(經講) 시간에 출석하사 천지의 밝음이라는 문제로 여러 제자들이 변론함을 들으시다가, 말씀하시기를 「그대들은 천지에 식(識)이 있다고 하는가 없다고 하는가.」 이공주 사뢰기를 「천지에 분명한 식이 있다고 하나이다.」 대종사 말씀하시기를 「무엇으로 식이 있는 것을 아는가.」 공주 사뢰기를 「사람이 선을 지으면 우연한 가운데 복이 돌아오고 악을 지으면 우연한 가운데 죄가 돌아와서, 그 감응이 조금도 틀리지 않사오니 만일 식이 없다 하오면 어찌 그와 같이 죄복을 구분함이 있사오리까.」 대종사 말씀하시기를 「그러면 그 구분하는 증거 하나를 들어서 아무라도 이해할 수 있도록 말하여 보라.」 공주 사뢰기를 「이것은 평소에 법설을 많이 들은 가운데 꼭 그렇겠다는 신념만 있을 뿐이요, 그 이치를 해부하여 증거로 변론하기는 어렵나이다.」 대종사 말씀하시기를 「현묘한 지경은 알기도 어렵고 가령 안다 할지라도 충분히 증명하여 보이기도 어려우나, 이제 쉬운 말로 증거의 일단을 들어 주리니 그대들은 이것을 미루어 가히 증거하기 어려운 지경까지 통하여 볼지어다. 무릇, 땅으로 말하면 오직 침묵하여 언어와 동작이 없으므로 세상 사람들이 다 무정지물로 인증하나 사실에 있어서는 참으로 소소 영령한 증거가 있나니, 농사를 지을 때에 종자를 뿌려 보면 땅은 반드시 그 종자의 생장을 도와 주며, 또한 팥을 심은 자리에는 반드시 팥이 나게 하고, 콩을 심은 자리에는 반드시 콩이 나게 하며, 또는 인공을 많이 들인 자리에는 수확도 많이 나게 하고, 인공을 적게 들인 자리에는 수확도 적게 나게 하며, 인공을 잘못 들인 자리에는 손실도 나게 하여, 조금도 서로 혼란됨이 없이 종자의 성질과 짓는 바를 따라 밝게 구분하여 주지 아니하는가. 이 말을 듣고 혹 말하기를 "그것은 종자가 스스로 생의 요소를 가지고 있고 사람이 공력을 들이므로 나는 것이요, 땅은 오직 바탕에 지나지 못하는 것이라."고 하리라. 그러나, 종자가 땅의 감응을 받지 아니하고도 제 스스로 나서 자랄 수가 어디 있으며, 땅의 감응을 받지 아니하는 곳에 심고 거름하는 공력을 들인들 무슨 효과가 있겠는가. 뿐만 아니라, 땅에 의지한 일체 만물이 하나도 땅의 감응을 받지 아니하고 나타나는 것이 없나니, 그러므로 땅은 일체 만물을 통하여 간섭하지 않는 바가 없고, 생·멸·성·쇠의 권능을 사용하지 않는 바가 없으며, 땅뿐 아니라 하늘과 땅이 둘이 아니요, 일월 성신과 풍운 우로 상설이 모두 한 기운 한 이치어서 하나도 영험하지 않은 바가 없나니라. 그러므로, 사람이 짓는 바 일체 선악은 아무리 은밀한 일이라도 다 속이지 못하며, 또는 그 보응을 항거하지 못하나니 이것이 모두 천지의 식이며 천지의 밝은 위력이니라. 그러나, 천지의 식은 사람의 희·로·애·락과는 같지 않은 식이니 곧 무념 가운데 행하는 식이며 상 없는 가운데 나타나는 식이며 공정하고 원만하여 사사가 없는 식이라, 이 이치를 아는 사람은 천지의 밝음을 두려워하여 어떠한 경계를 당할지라도 감히 양심을 속여 죄를 범하지 못하며, 한 걸음 나아가 천지의 식을 체받은 사람은 무량 청정한 식을 얻어 천지의 위력을 능히 임의로 시행하는 수도 있나니라.」

## 2장

## 다 보이는 숨바꼭질 놀이

마음공부방에 오신 한 분이 '요즘 방송 보다가 하도 황당해서 마음공부도 안 했어요' 하며 깊은 한숨을 쉰다. 말이 끝나자마자 '허허! 저는 그 말이 더 황당합니다그려!' 하며 개그로 되받아 웃음바다가 되었다.

숨으려고 해도 숨을 곳이 없고 숨기려고 해도 숨길 곳도 없는데, 밝디 밝은 진리 안에서 마지막까지 숨을 곳을 찾아보려는 눈물겨운 시도들이 참 슬픈 요즘이긴 하다. 그 어떤 은밀한 일이라도 눈 없는 눈은 티끌 하나까지 다 비추는데 말이다.

실내에서 어린아이들과 하는 숨바꼭질 놀이가 떠오른

다. 숨을 곳이라곤 백프로 뻔하다. 옷장 안이나 커튼, 책상 밑, 침대 위 이불 속 등이다. 어떤 순진무구한 아이는 머리만 이불 속에 감추고 엉덩이는 하늘로 치켜든 채, '만에 하나라도 자기를 찾아낼까봐' 숨죽이며 숨어있다! 아이는 최선을 다해 열심히 숨고, '어디에 숨었을까, 도무지 찾을 수가 없네~' 하며 열심히 속아주는 것이 이 놀이의 불문율이다. 아이들에게는 스릴있는 놀이지만 어른들에겐 노련한 연극을 필요로 하는 숨바꼭질.

정녕 놀이라면 재미라도 있으련만, 진리의 숨바꼭질은 그렇지가 않다. 꼼짝없는 현실이다. 진리는 속아주는 아량 같은건 없다. 그냥 무심히 척척 찾아내버린다. 티끌 하나까지, 아니, 형체도 없는 마음먹은 것 하나까지 완벽한 성능의 빛으로 다 들춰낸다. 안에 숨으면 안에다 비춰버리고 밖에 숨으면 밖을 훤히 밝혀 버린다. 진리는 안과 밖이 없는 까닭이다. 안이나 밖이나 마음이나 행동이나 일체의 심신작용은 기껏해야 공적영지, 부처님 손바닥 안에서 벌어진다.

좋은 것이나 아닌 것이나를 막론하고 작용한 것은 반드시 다 나타난다. 단지 언제 드러나느냐의 문제다. 다음 생으로 이월되어서라도 꼭 밝혀진다. 한정된 사람의 시야는 속여도 진리의 빛은 피하지 못한다. 시일이 지나 밝혀지면 과태료가 더해진다는 것을 안다면 운이 없어 들켰다고 가슴

칠 일도 아니요, 당장 안 드러났다고 안도할 일도 아니다. 어차피 만천하에 드러날 바에는, 들킬지도 몰라서, 혹은 양심의 가책으로 잠 못 이루며 오랜 긴장 속에 사는 것보다, 빨리 밝히거나 밝혀지는 편이 오히려 낫다. 어쩌면 우리의 삶이 조금씩 불안한 이유는 언제 돌아올지 모르는, 어쩐지 언젠가 지었을 것만 같은, 그런 업들의 누적 때문은 아닐까.

진리와의 숨바꼭질에서 봐주는 법은 없다. 그러니 공적 영지의 광명 앞에 얼굴만 파묻고 최선을 다해 숨으려는 눈물겨운 노력을 애써 할 일이 아니다.

사실 또 우리가 늘 재미 삼는 허망한 일상 중 하나가 남의 일을 굳이 알려고 귀 쫑긋 세우고 들추는 일이다. 결국 드러나는 진리 작용을 보면 될 것을, 딱히 업무적으로 관련 없는 일에 호기심을 지나치게 발동하느라 내 밭은 거칠어지고 괜한 업만 증폭시키는 대가를 호되게 치른다.

누구의 무엇 때문에 살맛이나 공부할 맛이 안 난다면 슬프고 불행한 일이다. 그럴 땐 자세히 안을 비춰보자. 인정하고 싶진 않을 테지만 마음 저 밑에 동일한 빛깔의 욕구가 도사리고 있지 않던가. 하여 늘 할 말이 없어진다.

## 2

대종사 여러 제자에게 물으시기를 「사람이 마음 가운데 은밀히 악한 마음을 품으며 또는 은밀한 가운데 죄를 지어 놓고도, 천지 만물을 대면하기가 스스로 부끄러운 마음이 없지 아니하나니, 그것이 어떠한 연고일꼬.」 이원화(李願華) 사뢰기를 「사람이 혼자 가만히 한 일이라도 천지 만물이 다 이를 아는 것이 마치 사람의 몸 한편에 조그마한 물것이 있어서 가만히 기어 다니되 사람의 전체가 다 아는 것 같아서, 너른 천지 사이에 조그마한 사람 하나의 일이라도 천지 만물이 자연히 다 알게 되므로, 천지 만물을 대면하기가 스스로 부끄러운가 하나이다.」 대종사 말씀하시기를 「원화의 말이 그럴듯하나, 내 한 말 더하여 주리라. 가령, 악한 일을 하는 사람이 저 혼자 마음으로 가만히 결정한 일을 누가 알리요 하지마는 제 마음에 이미 결정한 때에는 곧 세상에 베풀어 쓸 것이요, 세상에 베풀어 쓰면 곧 세상이 알게 되므로 비록 은밀한 죄과라도 부끄러운 생각이 나는 것이니, 그러므로 사람의 가만히 한 일을 알고자 할진대 그 일에 나타남을 볼 것이어늘 사람들은 공연히 다른 사람의 비밀을 미리 알고자 하나니라.」

# 3장

## 달을 보게나, 손가락 수집 말고

하늘과 땅 중에 어느 것이 정하고 어느 것이 동하냐고? 대체 이것이 질문자의 삶에 무슨 상관이 있었을까. 예나 지금이나 모든 성리, 성자들의 말씀은 깨침을 인도하는 것이거나, 깨친 후 삶의 변화를 위한 것들이다. 일체의 성리는 온통 삶 자체다. 자기 삶과 동떨어져 머리로 하는 성리는 말짱 허사다. 도대체 하늘이 정한들 동한들, 땅이 또 그러한들 묻는 이의 삶과 무슨 상관이 있을까.

천지(하늘땅)는 우주만물 일체를 표현하는 방식이지 '하늘 그리고 땅'이 아니다. 천지라는 말을 하늘과 땅, 이분법으로 해석하니 오류가 생겼을 법하다. 우주만물이 천지다.

나누는 것 자체가 모순이다. 사람도 천지, 우주만물인데, 사람 하나를 놓고 어디서부터 어떻게 나눌 것인가. 온 천지(하늘땅)는 한 기운 한 몸이다. 온 몸, 즉 법신이다. 자기가 곧 천지(하늘땅)거늘, 어디가 정하고 어디가 동하냐고 묻고 있다. 법신으로서의 내가 곧 하늘이며 땅이라, 천지(하늘땅)가 곧 나다. 온 천지가 공적영지심, 지금 보고 듣는자, 그 밝음 하나로 운행된다. 천지가 곧 나며, 내가 곧 천지이니, 천지여아 동일체다. 어찌 나를 둘로 나눌 수가 있으며, 설령 나눠서 동하고 정한 곳을 구분한들 그걸 어디다 쓰려고 그랬을까. 허허, 참!

굳이 동정을 나누자면 이렇다. 온 천지는, 동하는 측면으로, 무상으로, 변하는 면에서 보자면, 성주괴공과 생로병사와 심신작용 따라 온갖 조화를 부린다. 정하는 측면으로, 유상으로, 변함이 없는 면에서 보면, 상주불멸하며 여여자연한 이 밝음, 천지의 식識, 본성, 자성, 공적영지심이 온 천지(하늘땅)에 편만하다. 유상이든 무상이든, 동이든 정이든, 한 몸으로 도는 것이지 나뉠 수 있는 것이 아니다. 찰나도 터럭 끝 만큼도 나눠지는 때는 없다.

어디서 들은 것, 본 것, 지식을 가지고는 본질에 도달할 수 없다. 만고불변의 이 원리, 성품을 먼저 꿰뚫은 연후에 중생제도를 위해서, 그 자리를 알기 쉽게 설명해주기 위해서 온갖 학설을 참고로 가져다 쓸 일이다. 그것이 순서에 맞다. 말에 속고 학설들에 붙들려 지식창고만 채우느라 머리는 무겁고 논쟁만 일삼는 허송세월 하기 쉽다. 학설수집가, 글자놀음, 지식의 노예가 되어 그것들을 수집, 분석해서 본질에 도달하려는 것은 기와를 갈아 거울을 만드는 바보짓이다. 불가능이다.

원리를 꿰뚫으라, 본질을 직관하라는 대종사님의 천둥소리 같은 당부와 호통이 들렸어야 하는데! 오죽 불행한 일이 그 만나기 희귀한 주세성자를 앞에 두고도 훤한 자리를 터럭 끝만큼도 보지 못한 채 학설이나 붙잡는 것이다.

달을 가리키면 달 자체를, 성품 자체를 꿰뚫어야 하는데, 손가락만 뚫어져라 보고 있다. 누구의 손가락(학설)이 더 그럴싸한지, 더 길거나 더 쓸 만한지를 비교하며 평생 이 손가락에서 저 손가락으로 손가락 갈아타기 하거나, 손가락 수집가로 사는 일이 참 많지 싶다. 대종사님 말씀으로 손가락만 하나 더 보태지는 않을지도 걱정이다. 그것 분석하고 학설 논하느라 아침이슬 같은 무상한 세월 다 간다. 그러는 정성이면 이미 달에 도달하고도 남았을 터!

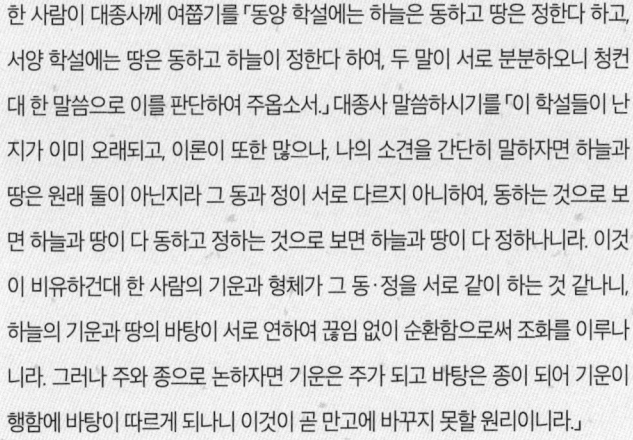

한 사람이 대종사께 여쭙기를 「동양 학설에는 하늘은 동하고 땅은 정한다 하고, 서양 학설에는 땅은 동하고 하늘이 정한다 하여, 두 말이 서로 분분하오니 청컨대 한 말씀으로 이를 판단하여 주옵소서.」 대종사 말씀하시기를 「이 학설들이 난지가 이미 오래되고, 이론이 또한 많으나, 나의 소견을 간단히 말하자면 하늘과 땅은 원래 둘이 아닌지라 그 동과 정이 서로 다르지 아니하여, 동하는 것으로 보면 하늘과 땅이 다 동하고 정하는 것으로 보면 하늘과 땅이 다 정하나니라. 이것이 비유하건대 한 사람의 기운과 형체가 그 동·정을 서로 같이 하는 것 같나니, 하늘의 기운과 땅의 바탕이 서로 연하여 끊임 없이 순환함으로써 조화를 이루나니라. 그러나 주와 종으로 논하자면 기운은 주가 되고 바탕은 종이 되어 기운이 행함에 바탕이 따르게 되나니 이것이 곧 만고에 바꾸지 못할 원리이니라.」

4장

우주는 영원히 살아있다!

하늘과 땅이 다 불타 일시에 사라지는 종말을 예고하며 공포심을 조장하는 시절이 종종 있다. 지구가 사람이 살수 없게 될 때를 대비해 천문학적인 돈을 들여 우주공간에 지구환경과 유사한 조건의 인공별을 만들어 살겠다는 사람들도 있다. 지구든 은하계든 우주든 언젠가는 모든 생명체가 사라지고 텅 빈 암흑 상태가 무한 지속되는 종말을 고할 것인가?

걱정할 것 없다. 종말은 없다! 우주는 영원히 사는 생명체다. 성주괴공成住壞空하고 또 성주괴공한다. 직선이 아니라 원이며 순환이다. 공겁空劫은 종말이 아니다. 우주의 성주괴공이 춘하추동, 생로병사와 동일하다. 겨울空 안에 이미 봄成이 있다. 겨울은 봄이 되는 과정이다. 생로병사가 우주의 한 세포가 겪는 일이라면, 춘하추동은 하나의 장기 정도에 해당할 것이고, 성주괴공은 몸 전체에 해당할 뿐, 동일한 과정으로 순환한다. 매 찰나마다 천만가지로 소천소지燒天燒地가 되고, 매 찰나마다 성주괴공 한다. 성겁成劫 안에서도 성주괴공이 무한대로 반복된다. 주겁住劫도 마찬가지이며, 공겁空劫의 마지막 성주괴공成住壞空의 공空에서도 그 마지막 찰나에 이미 성成으로 바뀐다. 겨울의 끝이 봄인 것처럼 말이다. 모든 찰나에 성주괴공이 이뤄진다. 한 찰나도 머물러 있지 않는다. 성주괴공은 무한 변화이지 멸망이 아니다. 우주는 공겁에도 살아있다. 살아 움직인다. 이 엄청난 일을 누가 할까?

과학계에서는 진공에너지라는 신비한 존재를 알아냈다. 우주 전반에 퍼져있는 실체를 알 수 없는 에너지다. 완벽히 밀폐된 무중력상태의 진공용기에 아무 힘이 작용하지 않는데도 무엇인가가 진공용기 속 추를 밀어낸다고 한다. 진공상태에도 신비한 힘이 존재함을 말한다. 진공묘유며 공적영지다. 우주의 이 신령한 힘은 텅 빈 공겁에도 멈춤 없이 일체만물을 재생한다. 우주는, 본성은 영원한 삶의 순환으로, 단지 변화하는 것이지 멸망은 없다.

우주는 참으로 묘하게, 우주 자신의 삶을 위해서 그 세포들인 만물로 하여금 저절로 삶을 지속하게끔 하는 본능을 부여해 놓았다. 갑작스럽게 부모나 가족의 죽음을 맞이하면 본인도 당장 죽을 것만 같은 그런 와중에서도 밥은 들어가고 잠은 온다. 우주의 세포인 사람사람이 그럴 때마다 밥도 안먹고 잠도 안자게 되면 인류는 진작 맥이 끊어졌을 터이다. 그런 속에서도 밥이 들어가고 잠이 오는 것은 내가 하는 일이 아니다. 우주 자신이, 스스로 영속하기 위해 일체 만물에게 부여해 놓은 본능이며 신비이다. 이 방에서는 죽고 다른 방에서는 새 생명이 태어나고, 다시 부모가 되면서 삶(성주괴공=생로병사=생주이멸=춘하추동)은 지속된다.

그 어떤 미물이라도 삶의 영속을 위해 본능적으로 자손을 번식해가는 것은 신비하다. 식물이나 곰팡이마저도 본능적으로 대를 이어가며 끝없는 생을 산다. 그들이 후대를 계속 이어가야 한다는 무슨 사명감을 가지고 하는 일이 아니다. 그냥 저절로 일어난다. 한몸인 우주가 자신 몸의 구성요소, 세포들을 다 저절로 대를 이어 살아가도록 만들어 놓아서다. 우주가 자신의 삶(성주괴공)을 위해서 하는 일, 본성이 하는 일이다. 우주는 그렇게 만물을 거느리며 모든 찰나 간에 살아있다! 우주를 성주괴공하게 만드는 그 위대한 힘이 본성인 나다. 그 주인공으로 살면 사라짐에 대한, 죽음에 대한, 종말에 대한 두려움 같은 건 있을 수 없다.

서대원(徐大圓)이 여쭙기를 과거 부처님 말씀에 「이 세계가 괴겁(壞劫)에는 소천소지(燒天燒地)로 없어진다 하오니 사실로 그러하오니까.」 대종사 말씀하시기를 「그러하나니라.」 또 여쭙기를 「소천소지가 되오면 현재 나타나 있는 천지는 다 없어지고 다시 새 천지가 조판되나이까.」 대종사 말씀하시기를 「소천소지가 된다 하여 일시에 천지가 소멸되는 것은 아니니, 비하건대 인간의 생·로·병·사와 같아서 인생이 한편에서는 낳고 한편에서는 늙고 한편에서는 병들고 한편에서는 죽는 것이 끊임없이 계속되는 것 같이, 천지에도 성·주·괴·공(成住壞空)의 이치가 천만 가지 분야로 운행되어 지금 이 시간에도 이루어지는 부분도 있고 그대로 머물러 있는 부분도 있으며, 무너지는 부분도 있고 없어지는 부분도 있어서 늘 소천소지가 되고 있나니라.」

5장

건성한 우주과학자 할 사람?

**삼천** 대천 세계란 뭔가? 해, 달, 지구 같은 세계 천개가 모이면 소천, 이런 소천이 천개가 모이면 중천, 중천 천개가 모이면 대천세계다. 대천세계가 삼천 개 모인 것이 삼천 대천 세계다. 상상도 안되는 광활한 세계, 전 우주다. 허블망원경이 찍은 우주를 본 일이 있는가? 태양도 먼지보다 작고, 지구는 아예 보이지도 않는다. 존재의 미미함을 시각적으로 실감하게 된다. 뭐 대단한 일이나 되는 양 죽네 사네 하며 붙들고 있던 것들이 얼마나 부질없고 사소해지는지 모른다.

허나 이러라고 우주의 광대함을 말씀한 것이 아니란 것

쯤은 눈치채야 한다. 삼천 대천 세계의 광활함과 무량함이 핵심이 아니다. 삼천 대천 세계는 '온갖, 모든, 일체'의 무량 세계를 지칭하고 지나가는 말일 뿐이다. 우주로 올라가서 그 광활함과 신비함을 연구하라는 것이 본질이 아니다. 우주를 언급하니 천문학 서적을 들추려거든 그것도 관두라. 혹은, 땅속, 물속, 땅위, 하늘 위 존재물의 수가 삼천 대천으로도 모자라는 무량수임을 깨닫는 것, 이것 또한 핵심이 아니다. 붙잡고 매달릴 것은 따로 있다.

과거 현재 미래의 모든 성자들의 말씀은 모두 한결같이 단 한곳만을 일괄되게 향하고 계심을 놓치면 안된다. 도장 찍듯이 똑같아서 제불제성의 심인이다. 삼천 대천 세계가 무한대로 뻗어나간들 그게 나와 무슨 상관인가. 그 광대무량한 우주가 곧 나임을, 본성임을, 공적영지심임을 깨달으라는 말씀이다. 바로 옆사람이 나임을, 삼천 대천 세계의 주재자가 바로 나임을 보라는 것이 본질이다.

모든 말씀은 그것이 깨침과 어떻게 관련되는지를 알아차려서 직관하여 깨치고 활용하는 것 외에 다른 것이 없다. 그것이 공부인이 놓쳐서는 안될 핵심이다. 이미 깨침의 눈으로, 삼천 대천 세계를 직관해서 본 성자들의 말씀을 믿고, 스스로 그자리에 도달하는 것이 우리 후래 공부인이 올곧게 지향해야 할 일이다.

깨달음의 견지에서 성자들께서는 중생들을 깨침으로 인도하기 위해 삼천 대천의 어마어마한 우주가 곧 본성이라고 설명하셨겠지. 방편으로 쓴 표현에서 본질을 놓치고 자꾸 말씀 자체에 매달리는게 우리 어리석은 중생들의 반복적인 행태다. 표현에 속지 말라고 아무리 강조해도 자꾸 하늘만, 우주만 쳐다보고 뭔가 있지 않을까 의심을 놓지 않는다.

사람들은 눈에 보이게 증명해주어야 그렇구나 하며 비로소 믿음을 낸다. 깨달음을 얻은 성자들은 스스로 깨친 그 자리, 보이지도 않는 마음의 세계를 중생들에게 깨우쳐 제도하기 위해서 천만무량 방편을 필요로 한다. 방편 중 최상은 증명으로 보여주는 것이다. 이래서 과학은 도학을 위해 꼭 필요한 분야다. 과학의 이름으로 밝혀진 진실은 강력한 설득력이 있어서 대종사님은 이 자리를 속시원히 증명해 줄 견성한 학자(우주과학자)의 출현을 바라신다.

우주과학자 중에 속깊은 공부로 어서어서 견성해서 자신의 영생문제도 해결하고, 동시에 자신이 가장 잘 아는 과학적 원리로 그 자리를 증명해서 설해 준다면, 그 공덕은 언어도단이다. 마당 쓸고 동전 줍는 격이니, 견성한 우주 과학자 할사람 누구 없는가.

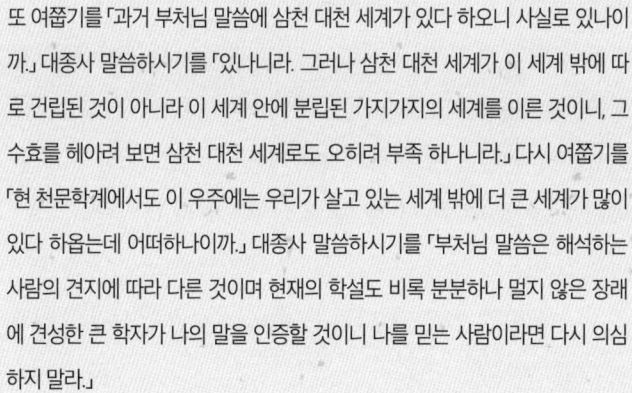

또 여쭙기를 「과거 부처님 말씀에 삼천 대천 세계가 있다 하오니 사실로 있나이까.」 대종사 말씀하시기를 「있나니라. 그러나 삼천 대천 세계가 이 세계 밖에 따로 건립된 것이 아니라 이 세계 안에 분립된 가지가지의 세계를 이른 것이니, 그 수효를 헤아려 보면 삼천 대천 세계로도 오히려 부족 하나니라.」 다시 여쭙기를 「현 천문학계에서도 이 우주에는 우리가 살고 있는 세계 밖에 더 큰 세계가 많이 있다 하옵는데 어떠하나이까.」 대종사 말씀하시기를 「부처님 말씀은 해석하는 사람의 견지에 따라 다른 것이며 현재의 학설도 비록 분분하나 멀지 않은 장래에 견성한 큰 학자가 나의 말을 인증할 것이니 나를 믿는 사람이라면 다시 의심하지 말라.」

# 6장

## 내가 조선의 국모다!

**무한**대의 우주공간에서 우리별 지구는 보이지도 않는 크기다. 그 지구에서도 콩알만한 조선땅을 놓고 따로 이 진급기라고 선을 긋는 것이 가능한가? 가능하다! 성주괴공에서 성과 주를 진급기로 본다면 괴공은 강급기라 할 것이고, 봄 여름을 진급기라 한다면 가을 겨울은 강급기, 낮을 진급기라 한다면 밤을 강급기로 볼 수 있다. 그러니 지구 안에서도 진강급이 매 순간 매 장소마다 달리 나타난다. 찰나마다 모든 장소에서 성주괴공이 이뤄지므로 조선 땅을 놓고 진강급을 말할 수 있다. 다만, 우주의 진강급과 시간의 크기가 다를 뿐이다.

조선을 진급기라 하는 이유는 깨달은 이들이 연이어 나왔거나 나올 땅이기 때문이리라. 주세성자 대종사님께서 나신 곳이다. 금강현세계金剛現世界 조선갱조선朝鮮更朝鮮, 금강이 세계에 드러나니 조선이 새로운 조선이다! 금강이란 일만이천봉의 수려한 금강산이기도 하지만 성품의 다른 표현이다. 성품을 발견한 것을 금강이 세상에 드러난다고 표현한다. 금강이 드러나면 조선이 개벽된 조선이 된다 하신 표현은, 성품을 발견한 사람은 겉은 같아도 전혀 다른 사람이 됨을 말한다. 금강의 주인은 성품을 깨달아 다른 삶을 사는 사람이다. 세상 모든 이들이 자신 금강을 찾을수 밖에 없고 그것을 가장 빠르고 정확히 알려주는 길을 물어 올 것이다. 금강으로 가는 정규 코스는 일원대도 정법이며, 그 안내자는 금강을 먼저 발견한 주인공들이다. 교리도와 「정전」이 그 길이며, 그것을 실천하는 견성한 수도인들은 세상 모든 이들의 등불이 될 것이다.

조선이 몸이라면 그 주인은 금강, 본성이다. 조선, 땅, 몸의 주재자는 본성을 깨달은 상태로서의 나다. 내가 조선의 국모(주인)다! 우주의 진강급도 역시 우주의 주인공인 내가 한다.

우주의 진강급은 시간의 개념이 무한 확장된다. 일대겁이다. 고대 인도의 시간 단위 중 최단의 개념이 찰나며, 그

반대가 겁이다. 겁은, 가장 길고 영원하며, 무한한 시간으로 일상에서 우리가 느끼는 시간과는 차원 자체가 다르다.

비유를 통해 드러나는 겁의 길이는 이렇다. 상하 사방이 1유순(由旬:약 15km)이나 되는 성 안에 겨자씨를 가득 채우고 100년에 한번 겨자씨 한알씩을 꺼낸다. 이런 식으로 겨자씨 전부를 꺼내는 시간이 겁이다. 그래도 겨자씨는 여전히 남아있다. 또 하나의 비유가 있다. 사방이 1유순(약 15km)인 큰 바위盤石에 100년에 한번 선녀가 내려와 비단 같은 옷자락으로 스치고 지나간다. 그렇게 해서 그 바위가 다 닳아 없어지는 시간이 겁이다. 앞의 것을 겨자겁芥子劫, 뒤의 것을 반석겁盤石劫이라 한다. 우주는 이런 불가사량의 겁, 성주괴공이라는 4개의 겁(일대겁)을 영구히 반복한다. 우주의 진강급은 일대겁만에 이뤄진다.

자연의 크고 작은 진강급은 우리 삶과 직결된다. 요즘 아이들 보면 참 영특하다. 자연의 진급기에 태어나는 까닭이다. 진급기에 태어나 진급하는 심성과 언행까지 갖추면 큰 복이다. 게다가 깨달음에 대한 마음을 자연의 진급기에 내면 그 원이 훨씬 빨리 이뤄진다 하니, 지금 당장 내보자. 더할 나위 없이 좋은 일이다. 진급기인 이 나라에 태어나 금강의 주인되는 길 일원대도를 만난 우리는 일대겁에 얻기 어려운 행운을 거머쥔 사람들 아닌가.

또 여쭙기를 「천지에 진강급(進降級)이 있다 하오니 조선이 지금 어느 기(期)에 있나이까.」 대종사 말씀하시기를 「진급기에 있나니라.」 다시 여쭙기를 「진강급의 기한은 얼마나 되나이까.」 대종사 말씀하시기를 「과거 부처님 말씀에 일대겁(一大劫)으로 천지의 한 진강급기를 잡으셨나니라.」

7장

만물을 작동시키는 우주발전소

이게 무슨 뜻이람? '이 천지가 성주괴공이 될 때에는 무엇으로 되나이까. 과거 부처님 말씀처럼, 수화풍 삼륜三輪으로 되어지나니라.' 앞뒤 맥락도 없고 주술관계도 애매해서 꼭 난해한 번역본 문장 같다. 원본을 보는 느낌을 담아 다시 글귀를 맞춰보니 이런 뜻으로 이해된다. '이 천지는 무엇에 의해서 성주괴공이 되나이까. 수화풍 세가지 힘의 순환에 의해 성주괴공이 되나니라.' 일단, 이렇게 이해해 놓고 풀어보자.

무엇인가를 움직이게 하려면 에너지가 필요하다. 선풍기를 움직이게 하려면 전력이 필요하다. 천지 우주만물이라는 일체의 존재물들을 태어나게도(성) 성장하거나 유지하게도(주) 무너지게도(괴) 사라지게도(공) 하는 엄청난 힘이 어디에서 오는 것인가, 혹은 무엇이 그렇게 하는가를 묻고 있다. 궁금할 법도 하다.

천지만물을 작동 변화시키는 그 어마어마한 동력은 바로 수·화·풍이다. 물과 불과 바람, 이 세가지 요소가 갖는 우리가 흔히 아는 공통점이 있다. 전력, 즉 에너지를 생산한다는 바로 그거다. 수력발전소 화력발전소 풍력발전소를 떠올리면 쉽다. 물 불 바람은 인위적이지 않은 자연물 그대로를 이용해 에너지를 만들어내는 본질적 요소다. 알다시피 온 천지 허공에는 수·화·풍이 가득차 있다. 더 정확히는 없는 곳이 없다.

수·화·풍이 온 천지만물 허공법계에 가득하다고 해서 그 자체로 에너지가 되진 않는다. 머물러 있는 물 불 바람은 에너지라 할수 없다. 움직여야 동력이 생산된다. 묘하게도 수·화·풍은 스스로 움직인다. 삼륜三輪, 륜輪이란 바퀴, 돈다는 뜻이니, 세가지가 끝없이 돈다는 의미다. 수·화·풍 세 요소三는 끝없이 돌아輪 에너지를 발생시켜 천지를 바꾸는 원동력이 된다. 온 우주가 수력발전소 화력발전소 풍력발전소, 상상도 할 수 없는 거대한 삼륜三輪발전소인 셈이다.

이쯤에서 궁금해지는 것이 있다. 흔히 말하는 지수화풍 사대四大에서 지地가 빠졌구나. 지수화풍 사대四大는 허공과 일체를 구성하는 요소인데 왜 빠져있을까? 지地는 바탕質, 만물 자체이지 에너지가 아니다. 일체만물地, 質은 수화풍水火風의 무한 순환輪으로 만들어진 에너지氣에 의해 변화된다. 천지地의 성주괴공, 춘하추동, 생로병사, 생주이멸은 수화풍 세가지의 무한 순환輪에 의해 이뤄진다. 만물에는 사람도 있고, 나무도 있고 사슴도 있고 주전자도 있고 별도 있고 허공도 있다.

이쯤에서 의문 하나가 다시 꼬리를 문다. 그렇담 누가, 혹은 무엇에 의해서 수화풍이 돌아 천지만물인 지地를 변화시키고 있는 것일까? 영靈, 본성, 밝음, 천지의 식識, 일원이다. 본성 자체가 일체만물을 일시에 변화시킨다. 그 자원은 우주에 가득한 수·화·풍이며 그 바탕質은 지地이다. 수화풍氣이 지質를 싣고 성주괴공, 생로병사, 생주이멸, 춘하추동으로 변화를 거듭하게 하는데, 이 모든 것을 시키는 주인이 본성靈이다.

삼륜三輪 발전소는 가동을 멈추는 때가 없다. 에너지 대란도 고장도 자원의 고갈도 없다. 온 우주는 무한발전소에서 생산된 다함이 없는 에너지, 무한동력으로 충만하다. 무한동력의 주인은 나다. 이 무한동력에서 플러그를 빼지 않고 살아가는 것이 자성을 떠나지 않는 삶이다. 다 내것이니 마음대로 가져다 쓰면 될 일이거늘, 플러그 꽂을 지점이 보여야 말이지!

또 여쭙기를 「이 천지가 성·주·괴·공이 될 때에는 무엇으로 되나이까.」 대종사 말씀하시기를 「과거 부처님 말씀과 같이 수·화·풍(水火風) 삼륜(三輪)으로 되어지나니라.」

# 8장

## 부처님은 왜 막대기 아닌 꽃을 들었나?

**삼천**년 전 영산회상의 야단법석 풍경이다. 깨달음을 얻은 세존 주위에 군중들이 모여 있다. 그들중 누군가가 도가 무엇이냐 질문했고 청중은 일제히 부처님의 답을 기다리고 있다. 부처님은 말없이 앞에 꽂혀있는 꽃 한송이를 들어 올렸다. 군중들은 의아해서 멀뚱히 보고만 있고, 오직 한사람 가섭이 다 알겠다는 표정의 웃음을 짓는다. 그렇지~ 무엇을 지칭해도 다 그것이지! 어떤 학설가는 그 꽃이 연꽃이었을 것이라는둥, 진흙 속에서도 더럽혀지지 않으니 진리의 상징이라는둥 되지도 않는 말로 중생들을 더 짙은 무명으로 몰아가기도 한다. 무엇을 들어 보였느냐에 의미가 있지 않다. 옆에 막대기가 있었으면 막대기를 들었을 것이고, 돌이 있었다면 돌을 들어 보였을 터이다.

A=B=C이다. 막대기(A)나 꽃(B)이나 다 일원(C)이다. 일원은 일체만물이고 일체만물이 일원이다. 부분단위든 개별단위든 전체단위든 무관하다. 일원은 크기도 없고 형상도 없고 안팎도 없다. 먼지(세입무내)도 일원이요 우주(대포무외)도 일원이다. 일월성신이 일원이라고 하는 것이나 천지만물이 일원이라고 하는 것이나 꽃 한송이가 일원이라고 하는 것이나 같은 말이다. 일월성신이나 천지만물은 일원에서 보면 동의어다. A=B=C이니, 일월성신이 천지만물의 정령(일원, 靈, 본원)이라고 하는 것이나 천지만물이 일월성신의 정령이라고 하는 것이나 동어반복이다. 내가 너인 것이나 네가 나인 것이나, 너의 일원이나 나의 일원이나, 어떤 것을 대입해도 일원(정령, 靈)이 나오며 그 역도 완벽하게 맞아 떨어지는 논리(A=B=C)다.

정령이란 일체만물에 깃든 영靈(일원, 법신)이다. 깃들었다고 표현하거나 우주에 다북하다고 말하거나 간에 영靈은 하나다. 하나인 밝음, 천지에 가득한 식識이 정령이며 본원이며 일원이다. 일체만물의 영은 편만하므로 공유물, 모두의 것이다. 일월성신의 것이기도 하고 천지만물의 것이기도 하다. 낱낱으로 나누면 천지만물이며 일월성신이지만 하나인 자리에서는 일원이며 정령이다. 정령은 본원과 분리된 것이 아닌데 중생의 견지에서 단절된 것으로 보이는 인식상의 한계, 이것을 무명이라 이름 한다.

그런 의미에서 별은 밤하늘에만 떠있지 않다. 일체만물이 일월성신이다. 내가 별이며 우리가 다 별이다. 일체 존재는 낱낱이 불가사량의 별, 알수 없는 존재들이다. 하나의 종에 속해도 개체들마다 다르며 그 자체는 알 수 없는 그 무엇이다. 고양이라고 다 같지 않으며, 같은 인간의 몸을 가졌어도 어느 누구도 동일하지 않은 완벽히 다른 별이다. 내 옆으로 불가사의한 별들이 떠다닌다. 하늘의 저 별을 하나씩 태양 달 화성 목성이라 이름붙인 것일 뿐, 이름 자체로 그 별을 다 말할 수 없고 알 수도 없다. 각각의 존재는 이름이 김ㅇㅇ지 김ㅇㅇ별이다. 제아무리 비슷한 패턴을 가진 친한 이도 역시 완벽히 다르고 알 수도 없는 별이다.

우리 각자는 다 알 수도, 이름할 수도, 같을 수도 없는 별나라의 별들이다. 너는 도대체 왜 그러냐, 이해가 안된다, 틀렸다고 아우성치는 것은 달과 태양이 같기를 바라는 것처럼 가당치도 않거니와 부질없고 관계만 망치는 일이다. 정령―圓으로서 일월성신은 일체만물이며 일체만물이 일월성신이고, 내가 태양이며 달이며 별이고, 너 또한 그러하다.

또 여쭙기를 「선성의 말씀에 일월과 성신은 천지 만물의 정령이라 한 바가 있사오니 사실로 그러하나이까.」 대종사 말씀하시기를 「그러하나니라.」

# 9장

## 귀하는 조물주를 만났는가?

　매주 교당에 와서 성리공부를 하는 몇몇의 천주교인들이 있다. "귀하는 조물주를 본 적이 있는가?" 공부하는 시간도 다 다르고, 서로 모르는 천주교인들, 조물주를 본 적이 있냐는 생각지도 못한 질문에 답을 못하는건 예상된 반응이다. 의아함과 기대감이 섞인 이들에게 천주님을 만나도록 인도하는 성리공부는 참 의미 있고 멋지다. 일원과 천주님, 조물주가 하나임을 보여주는 시간이다.

　알지 못하고 천주님을 믿고, 모르면서 하나님을 믿고, 만난 적도 없이 부처님을 믿고, 본 적도 없이 일원을 믿는가? '미신이 따로 없나니라. 모르고 믿으면 미신이니라.' 보지 않았거나 보려는 마음이 없이 그냥 믿는 것이 미신이다. 아무리 다수의 세력이 믿는 고등종교라 칭해도 내 신앙의 대상을 본 적도 없고 그럴 용의도 없이 그저 믿기만 한다면 성황당 앞에 비는 것과 크게 다르지 않다.

조물주를, 일원을 만나 그렇게 사는 것은, 모든 종교인의 처음이자 끝이며 전부다. 조물주는 자성이다. 자성은 너의 것도 나의 것도 아니다. 자성은 상대가 없으니, 너의 조물주라 해도 맞고 나의 조물주라 해도 맞고 내가 너의 조물주라 해도 맞다. 언제나 조물주, 일원이 생생히 나타나 영생사를 시원하게 해결해 가는 것이 대도 정법을 만난 보람과 의미다. 이를 아는 이는 울타리 없이 누구에게든 그 자리를 직관하여 깨닫도록 인도하는 소명을 갖는다. 그것이 대종사님, 성자들이 오신 뜻이다. 출가도 재가도 일반인도 천주교인도 기독교인도 없이, 일원을, 조물주를 아는 이는 다 전법사도다.

여기, 조물주를 실제로 만나며 사는 운 좋은 기독교인들이 있다. 조물주와 피조물을 철저히 나누는 이분법적 교리의 한계를 용케도 초월해서 하나님을 직접 만나버린, 조물주가 곧 자신임을 알아버린 기독교인들이다. 참 교화는 숫자 늘리기가 아님을 깨닫고 종교의 본질에만 충실하며, 극소수로 미국 전체에 거대한 영향을 주고 있는 '세이비어 교회' 이야기다. 이들은 나를 완벽히 비워내어 하나님이 들어서게 하는 '관상'의 삶을 훈련한다. 스스로 하나님이 되어 근본적인 삶의 변화를 이뤄낸다. 관상은 견성에 견줄 수 있고, 예수의 삶을 사는 것은 성불로 대비될 수 있겠다.

일원이 우주만유며 곧 나임을 깨닫도록 완전무결한 교리로 견성성불로 가는 탄탄대로를 놓아주셨는데도, 거룩하신 일원상을 저 앞에 따로 설정하고 자기와의 관계를 보지 못하고 산다면 그야말로 가난한 거부장자다. 모두가 조물주를 발견해 집집마다 부처가 살고, 서로서로 조물주를 모시고 사는 처처불상 사사불공이 편만한 용화회상에서는 우주 전체가 법당이며, 일체만물이 조물주다!

천주교인들과의 성리 공부는 늘 흥미진진하다. 어느날 문득 조물주가 눈앞에 생생히 느껴지는 순간, 저 깊은 곳에서 뜨거운 눈물이 왈칵 쏟아지는 체험을 하게 될 터이다. 일체만물과 나의 관계가 훤히 눈앞에 펼쳐 보여지겠지! 그러니 다시 기억할 일이다. 만나지 않고 그냥 믿는다면 하나님이나 부처님이나 천주님이나 법신불이나 성황당이나 갓바위나 오십보백보以五十步 笑百步다.

전주의 교도 한 사람이 천주교인과 서로 만나 담화하는 중 천주교인이 묻기를 「귀하는 조물주를 아는가.」 하는데 그가 능히 대답하지 못하였더니, 그 사람이 「우리 천주께서는 전지전능하시니 이가 곧 조물주라.」고 말하는지라, 후일에 대종사께서 그 교도의 보고를 들으시고 웃으시며 말씀하시기를 「그대가 그 사람에게 다시 가서, 귀하가 천주를 조물주라 하니 귀하는 천주를 보았느냐고 물어 보라. 그리하여, 보지 못하였다고 하거든 그러면 알지 못하는 것과 같지 않느냐고 말한 후에, 내가 다시 생각하여 보니 조물주가 다른 데 있는 것이 아니라 귀하의 조물주는 곧 귀요, 나의 조물주는 곧 나며, 일체 생령이 다 각각 자기가 자기의 조물주인 것을 알았노라 하라. 이것이 가장 적절한 말이니 그 사람이 만일 이 뜻에 깨달음이 있다면 바로 큰 복음이 되리라.」

## 10장

### 저기요, 극락 가려면 어느 쪽으로 가나요?

누군들 괴로움을 원할까. 원하지 않는다면서 용케 괴로울 상황을 잘도 만들어 괴로워 죽겠다고 울상 짓는 것이 중생들이 가진 재주라면 재주다. 극락은 괴로움의 반대말이 아니다. 일이 뜻대로 되어 함박웃음을 짓는다고 그것이 극락은 아니다. 극락이란 불행감과 행복감 그 둘을 초월해 있는 마음상태다. 그렇다고 울지도 웃지도 않는 표정이거나, 감정에 무던한 것도, 애써 감정을 표시내지 않는 상태도 아니다. 능히 울고 웃되 아무것도 붙들지 않고 바로 보내는 힘에서 나오는 여여한 마음이다.

극락이란 어디를 얼마만큼 가야 있거나 죽어서 가는 어

디쯤이 아니다. 지금 이 순간 고와 낙을 초월해 사는 삶의 상태다. 초월이란 괴롭고 즐거움을 넘어서, 경계와는 아무런 관련도 핑계도 없이 여여함이 유지됨을 말한다. 어떤 조건이 갖춰지면 행복해질 거라고 기다리거나 그것에 기대지 않고 조건에 무관하게 잘 지내는 것이다.

이러면 꼭 중간에 끼어들어 이렇게 따지는 사람들이 있다. '그게 인생 아닌가요? 괴로움과 즐거움이 있고, 못살겠다가도 살만한 때도 있고 그게 정상이죠!' 이 마음이 사실 위험하다. '인생 다 그렇지뭐, 별것 있겠어!' 하고 속삭이며 무명에 길들여지고 벗어나려고 시도조차 않는 것이 중생의 특징이자 필요조건이다. 어둠을, 무명을, 어리석음을 정상으로 보고 나오려는 마음조차 없게 된다. 그 마음 때문에 파란고해 불타는 집에서 죽네 사네 외치면서도 영생토록 그 상황을 반복하며 윤회한다. 어둠을 어둠으로 인식할 수 있어야 극락, 해탈, 자유, 광명의 길로 향하려는 에너지가 형성되어 결국 깨달음의 기연을 만날 수 있게 된다!

견성하지 못하면 결국 극락을 모른다. 자성을 오득하지 못하면 자성반조를 할 수가 없다. 자성이 극락이다! 가고 말 것도 없다. 온 우주가 나뿐이니, 상대가 없으니 괴롭힐 자도 없고 괴롭힘을 받는 자도 없어 즉시 극락이다. 괴롭히는 것과 괴로움을 느끼는 자가 하나임을 비추면 일체고액이 일시에 멸도된다. 자성을 비춤이 극락이다. 자성을 오득하지 못하면 놓은 척하는 고된 수행만 한다.

일상에서 극락을 유지하려면 이름표 떼기를 잘해야 한다. 우리는 어떤 대상, 어떤 조건이나 상황에 이것은 좋은 것, 저것은 불행한 것이라고 이름붙이기를 잘도 한다. 하루에도 한 뭉치씩 들고 다니며 이름표 붙이는 수고를 지치지도 않고 열심히 한다. 어떤 것들에는 불행, 고통, 잘못된 일이라고 재빨리 이름을 붙이고는 힘들어 죽겠다고 목 놓아 운다. 어떤 몇몇 안 되는 상황들에는 좋은 일이라고 이름 붙여 놓고 실실거리며 붕 떠있다. 이름만 붙이지 않으면, 세상 어디에도 규정된 행복과 규정된 불행은 없다! 어떤 행동이나 어떤 상황이나 일어난 일 자체가 고통이거나 행복이 아니라 꼭 반전이 있단 말이다. 어떤 시인이 읊었듯, 꽃이라 이름붙이지 않으면 그냥 하나의 몸짓에 불과하다. 일체를 하나의 몸짓으로만 보고 오락가락 하지 않는 것이 지혜로움이며 극락이다. 우리가 만나는 일체의 인연이나 현상은 좋고 나쁜 것이 아니라 중립임을 직관해야 초월이 가능해진다.

'그게 다 세상사는 재미지. 안 그러면 무슨 재미로 살아~'하며 속으로 또 끼어들 것이다. 그러고선 며칠 후에 다시 죽을상을 하고 나타난다. 그러니 이를 장차 어찌할꼬!

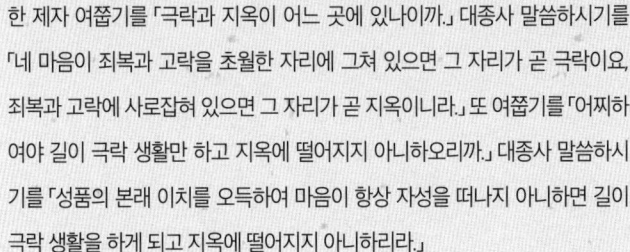

한 제자 여쭙기를 「극락과 지옥이 어느 곳에 있나이까.」 대종사 말씀하시기를 「네 마음이 죄복과 고락을 초월한 자리에 그쳐 있으면 그 자리가 곧 극락이요, 죄복과 고락에 사로잡혀 있으면 그 자리가 곧 지옥이니라.」 또 여쭙기를 「어찌하여야 길이 극락 생활만 하고 지옥에 떨어지지 아니하오리까.」 대종사 말씀하시기를 「성품의 본래 이치를 오득하여 마음이 항상 자성을 떠나지 아니하면 길이 극락 생활을 하게 되고 지옥에 떨어지지 아니하리라.」

# 대종경 변의품

11 ~ 20

## 11장

### 천상의 사람은 키가 크고 옷이 가볍다!

64층 고층아파트에 사는 교도님 집은 항온성으로 인해 여름은 시원하고 한겨울에도 거의 난방을 않고 지내신단다. 봄꽃이 사계절 연달아 피니 여기가 천상이로구나 싶었다. 높이 오를수록 천상일까, 천상은 어디쯤에 있고 어떻게 생겼을까, 죽어서 가는 곳일까, 살아서도 갈 수 있을까?

지상, 지하, 천상계를 크게 33개로 설정한 과거 인도인들의 사유는 참 어마어마하다. 인간 축생의 세계야 알겠는데 그 나머지는 불가사량이다. 인간, 축생, 아귀, 수라, 지옥이라는 5개의 지상과 지하계에 28개의 천상계를 더해 33천이 있다고도 하고, 수미산을 중심으로 수직 33천, 도리천을 중심으로 수평 33천이 있다고도 하는데 무슨 말인지 도통 모르겠다. 33천에 대한 세부 도표를 보고 있노라면 어질어질하다. 허나 안다 한들 뭐하겠는가. 어차피 안다고 갈 수 있는 곳도 아니니 말이다. 비행기를 타고도 갈 수가 없고, 우주선을 탄다고 갈 수도 없고, 그 무슨 수단으로도 갈 길이 없다.

실력있는 공부인 있는 바로 그곳이 천상계니, 부질없는 공상으로 힘 빼지 말고 어서 마음 실력이나 갖추라는 대종사님 말씀이다. 실력 있는 공부인 되는 필수적인 첫 관문은 견성이다. 모든 하늘은 견성으로부터 열려가는 것이니 우선 견성부터 하고 볼 일이다. 아직 글도 못 깨친 어린아이가 글 깨칠 생각은 않고 공연히 박사를 어찌할까 걱정하고 논하는 격이라고나 할까. 먼저 글이나 깨칠 일이다. 입문하여 단계별로 진급하다 보면 저절로 도달하리라. 견성 후 성불의 과정에 천상계는 비로소 보여지고 열려지는 것이지, 언어와 사량으로는 결코 도달할 수도 가늠할 수도 없는 세계다.

키가 유난히 큰 사람한테 우스갯소리로 그곳 공기는 좀 어떠냐 묻곤 한다. 대부분 크고 높은 것에 대한 선망이 있긴 하다지만, 천상으로 갈수록 키가 크다 하니 작은 것도 서러운데 어쩌란 말씀이신가. 육신의 키가 아님은 두말할 것도 없다. 마음실력과 키높이, 의복의 가벼움은 비례하는 동의어다. 도력이 높으면 정신이 맑고 가벼워서 이무애 사무애로 걸림없는 천상계를 맛볼 수 있다.

요즘 겨울용 다운점퍼들은 거짓말 좀 보태 종이 한 장 든 것처럼 가볍다. 옷이건 신발이건 노트북이건 보다 가벼우면서 최고의 성능을 내는 초경량 고성능이 기업의 성패를 좌우하는 화두다. 공부인의 화두도 같다. 초경량 마음은 고성능과 직결된다. 행복과 불행의 결정적 요인이 마음 무게다. 마음속 불필요한 것들을 빨리 비우는 사람이 초경량의 마음으로 최고성능을 내게 된다. 걱정, 섭섭함, 미움, 질투, 불안, 자만, 자책 등이 마음을 구속하고 무겁게 하여 능력을 저하시킨다. 마음에 힘이 있는 사람은 아무리 심각한 일도 가볍게 처리할 능력이 있고, 마음에 힘이 없는 사람은 작고 하찮은 말이나 일들도 크고 무겁게 만들어 주위 사람과 자신을 다치게 하고 구속한다. 마음은 본래 허공처럼 텅 비어 있으니, 원래 그 허공대로 텅 비워두면 그 속에서 모든 능력이 나옴과 동시에 덤으로 평화가 따라온다.

무엇이나 가볍게 처리하는 신기술로 노상 본성에서 노닐 수 있다면 그가 곧 마음실력이 탁월한 천인이다. 천인들이 산다는 천상계 그곳, 죽어서 갈 일이 아니라 살면서 누릴 일이다.

한 제자 여쭙기를 「과거 부처님 말씀에 천상에 삼십삼천이 있다 하오니 그 하늘이 저 허공계에 층층으로 나열되어 있나이까.」 대종사 말씀하시기를 「천상 세계는 곧 공부의 정도를 구분하여 놓은 것에 불과하나니 하늘이나 땅이나 실력 갖춘 공부인 있는 곳이 곧 천상이니라.」 또 여쭙기를 「그 가운데 차차 천상에 올라갈수록 천인(天人)의 키가 커진다는 말씀과 의복 무게가 가벼워진다는 말씀이 있사온데 무슨 뜻이오니까.」 대종사 말씀하시기를 「키가 커진다는 것은 도력이 향상될수록 정신 기운이 커오르는 현상을 이른 것이요, 의복 무게가 가벼워진다는 것은 도력이 향상될수록 탁한 기운이 가라앉고 정신이 가벼워지는 현상을 이른 것이니라. 그러나 설사 삼십삼천의 구경에 이른 천인이라도 대원 정각을 하지 못한 사람은 복이 다하면 타락하게 되나니라.」

# 12장

## 도깨비

이매망량魑魅魍魎, 언뜻 보면 한자가 헷갈리게 비슷한 이들, 순우리말로 도깨비다. 산속에 사는 요괴를 이매魑魅라 하고 물속에 사는 괴물을 망량魍魎이라 부른다. 요산요수라더니, 도깨비도 나름 취향이 있어 산도깨비파 물도깨비파로 나뉘어 사나 보다. 사람도 아니고 귀신도 아니며 이승과 저승 어디에도 속하지 않은, 한마디로 집도 절도 없는 처량한 영혼들이다. 나무나 바위 같은 자연물이 변해서 된다고도 하고 사람이 사용하던 물건들이 변해서 된다고도 하는데, 특히 빗자루나 방석처럼 사람의 손때가 많이 묻은 물건들이 도깨비로 변한다 해서 불에 태우는 민간신앙도 있었다.

　오래된 마을 어귀에는 마을의 나이만큼이나 오래된 거목이 버티고 있는 곳이 많다. 이런 큰 나무는 이매망량이 떼거리로 모이는 곳으로 여겨져서, 그런 거목들은 죽은 가지까지도 함부로 베지 않고 아궁이에 때지도 않았다 한다. 옛날에 마을 사람들은 도깨비를 엄청난 힘을 가진 존재로 여기고 큰 나무 앞에서 소원을 빌며 불공드리곤 했다. 사람들의 두려움과 극진한 대접을 받을 수 있어 그런 곳은 도깨비들이 거처하기에 최상의 입주여건이었다. 도깨비들은 자신보다 약한 사람이나 거주지를 파괴하려는 사람들을 응징하거나 겁을 주었다는데, 큰 나무를 베는 자들은 돌연히 변을 당한다는 속설이 믿거나 말거나 전해 내려온다.

　그런 '도깨비'가 사람들에게 요즘 인기 절정이다. 도깨비 고유의 캐릭터가 완전 바뀌어 버렸다. 성냥이나 라이터만 켜면 짠! 하고 나타나 지인을 지켜주는 수호천사다. 초인간적인 힘으로 남의 운명도 좌지우지하며 제때에 나타나 약자들을 돕는 혁신적이고 멋진 도깨비다. 그런 줄도 모르고 시대에 뒤떨어지게 사람들을 겁주고 해하려는 진부한 도깨비는 요즘 아이들이나 젊은이들에겐 더 이상 먹히지 않게 됐다. 부리부리한 눈으로 도깨비 방망이를 휘두르는데도 무서워하거나 놀라기는커녕 웃으며 구경한다면 공포물이 코미

디로 장르가 바뀐 것이다. 무섭지 않은 도깨비는 더 이상 도깨비 노릇을 할 수가 없다. 혼자 밤길을 갈 때 무섭다고 생각하면 순간 오싹한 기운이 엄습한다. 무엇을 생각하는 순간 그런 기운이 만들어져서 그곳에 같이 있다. 오싹한 기운이나 존재가 원래 있어서라기보다 마음속 상상이 그런 기운을 만들어내어 위력을 발휘한다. 다 마음이 만든 허깨비다.

현대인들이 흔히 겪는 공황장애도 마찬가지 원리다. 혹시 또 그런 일이 있으면 어떡하나 하는 강한 두려움이 순식간에 그런 기운을 형성하여 스스로 만든 장애 속에 거듭 갇히게 되는 것이 각종 공황장애다. 어떤 것을 무서워하고 공포감을 가지면 실제로 그런 기운을 형성하고 불러들인다. 이럴 땐 생각을 바꾸면 된다. 무엇을 떠올리지 않으려 애쓰기보다 다른 것을 강하게 떠올리는 방법이다. 분홍색 코끼리를 떠올리지 말라 하면 분홍코끼리는 더 선명히 떠오른다. 분홍코끼리를 떠올리지 않으려 애쓰는 대신 기린을 생생히 떠올리면 분홍코끼리는 저절로 사라진다. 우주에는 모든 기운이 가득 차 있어서 강하게 생각하는 대로 무슨 기운이든 만들어지고 끌려온다.

사람들은 더 이상 도깨비를 믿지도, 모시지도, 그런 기운을 형성하지도 않는다. 이매망량의 무리가 인간계를 해치기도, 발붙이기도 어려운 밝은 시대다. 도깨비는 이제 완전 망했다!

조전권이 여쭙기를 「제가 과거에 동리 근처의 오래된 나무를 베거나 혹 함부로 하여 벌을 받는 것을 본 일이 있사온데, 그러한 무정지물에도 인과 관계가 있어 그러하나이까.」 대종사 말씀하시기를 「그것은 나무와의 인과로 그리 된 것이 아니라, 과거 음 시대에는 몸을 받지 못한 이매망량(魑魅魍魎)의 무리가 많이 있어서 그러한 나무나 혹은 성황(城隍)이나 명산 대천에 의지하여 어리석은 대중의 정성을 많이 받고 있다가, 제 기운보다 약한 사람이 저를 해롭게 하면 혹은 병도 주고 혹은 벌도 내린 일이 없지 아니하였으나, 지금은 양 시대가 되어 가는지라 앞으로는 그러한 무리가 감히 인간계를 해치지 못하리라.」

# 13장

## 무식한 짚신장수에게 길을 묻다

글을 못 배운 짚신장수 출신의 스승에게 제자가 물었다. "도대체 어떻게 도를 알게 되셨나요?" 스승이 말했다. "언제부턴가 나는 내가 누구인지 무척 궁금해졌어. 도를 잘 안다는 스승을 찾아가 내가 무엇인지 알고 싶어 왔다 하니, '짚신세벌이다' 하시는 거야. '내가 짚신세벌이라고?' 좀 이상하다 싶었지만 일단 믿기로 했지. 내가 곧 짚신세벌이라고 조금도 의심 없이 믿으며 짚신세벌을 앞에 두고 하루종일 왜 내가 짚신세벌일까, 생각을 아주 골똘하게 몰입해서 궁글리기를 계속했지. 그러던 어느날 우연히 이상한 체험을 한거야. '아, 짚신과 내가 하나구나! 내가 짚신이고 짚신이 나로구나! 일체가 다 형상없는 이 마음 하나로 되어있구나!' 그러면서 일체 만물이 다 나로 보여지고 내가 곧 우주만물 전체임을 깨달았어. 사실 견성같이 쉬운게 없어. 그냥 지금 훤히 눈앞 허공이 나임을 보면 되거든. 나처럼 글자 하나 몰라도 나를 보는 것은 배움과는 아무 상관이 없거든. 나중에 알고 보니 짚신세벌이 아니라 '즉심시불'이더라고."

제자는 다시 고기 사러 갔다가 깨달았다는 수도승을 찾아가 물었다. "고기 사려다 도를 얻으셨다는데 어느 지점에서 알게 되신 겁니까?" 수도승이 답했다. "나의 스승님은 마음은 하나다, 더럽고 깨끗함이 따로 없다 하셨지. 더러운 것을 볼 때마다 왜 더러움이 따로 없다는 건지 속으로 묻고 또 물었지. 반야심경에서 불구부정不垢不淨을 배울 때도 그냥 듣지 않았어. 모든 말씀과 글들을 말씀 자체, 글자 자체가 되어 듣고 보았지. 왜 둘이 아닐까 계속해서 궁글리기를 놓지 않았어. 어느날 고기를 사러 가서는 별 생각 없이 '좋은 걸로 주세요' 했더니 정육점 주인이 칼을 고기에 탁 꽂으면서 '어디가 좋고 어디가 안 좋습니까?' 하는데 그 말에 갑자기 그 모든 답이 확 풀리는거야. '그렇구나! 온 우주에 나밖에 없구나!' 나밖에 없어서, 정하고 추한 것이 다 나여서, 상대가 없어서 더럽다 하는 자도 더럽다는 그 대상도 언어도 다 사라져 일체가 나임을 그 순간에 턱 알아버린 거야. 그날

아마 제정신이 아니어서 고기도 안사고 돌아 왔을거야. 그 후론 그 정육점 앞에만 가도 절을 하곤 하지."

오랫동안 머리만 키우는 공부를 해온 제자에게 비로소 공부길이 보였다. 도를 얻는 데 좋은 주문이나 왕도가 따로 있는 것이 아니었다. 제일 중요한 것은 간절함이었다. 참나를, 마음을 알고자 하는 간절함이 핵심이었다. 늘 하던 대로 일상성에 빠져 살았지, 믿음을 가지고 '지금 보고 있는 자'를 생생히 느끼며 골똘히 찾아들어가 비추고 관하는 것은 시도조차 해보지 않았다. 이것 외에 다른 길이 없는데, 그러니 보일 리가 없었다.

이제 제자는 더 이상 제자로만 있지 않다. 알고자 하는 간절함과 믿음을 가지고 안으로 찾고 찾음이 지극하게 계속되니, 짚신세벌에도, 어느 곳이 정하냐는 주인장 말에도, 돌 구르는 소리에서도, 나뭇잎에서도 문득 참나가 보여짐을 스스로 체험했다. 알고 보니 참나를 발견하는 일, 즉 견성보다 쉬운 일이 없었다. 견성이야 순간적으로 일어나지만 그건 단지 참공부, 참수행의 출발선에 선 것일 뿐! 이제부터가 진짜다.

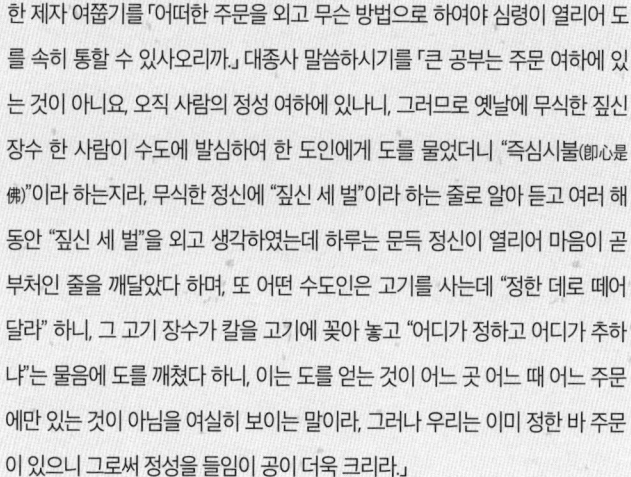

한 제자 여쭙기를 「어떠한 주문을 외고 무슨 방법으로 하여야 심령이 열리어 도를 속히 통할 수 있사오리까.」 대종사 말씀하시기를 「큰 공부는 주문 여하에 있는 것이 아니요, 오직 사람의 정성 여하에 있나니, 그러므로 옛날에 무식한 짚신 장수 한 사람이 수도에 발심하여 한 도인에게 도를 물었더니 "즉심시불(卽心是佛)"이라 하는지라, 무식한 정신에 "짚신 세 벌"이라 하는 줄로 알아 듣고 여러 해 동안 "짚신 세 벌"을 외고 생각하였는데 하루는 문득 정신이 열리어 마음이 곧 부처인 줄을 깨달았다 하며, 또 어떤 수도인은 고기를 사는데 "정한 데로 떼어 달라" 하니, 그 고기 장수가 칼을 고기에 꽂아 놓고 "어디가 정하고 어디가 추하냐"는 물음에 도를 깨쳤다 하니, 이는 도를 얻는 것이 어느 곳 어느 때 어느 주문에만 있는 것이 아님을 여실히 보이는 말이라, 그러나 우리는 이미 정한 바 주문이 있으니 그로써 정성을 들임이 공이 더욱 크리라.」

14장

기도하기 좋은 고결한 몸은 따로 없다!

세상에는 이래야만 하거나 이래선 안된다고 여겨지는 것들이 많다. 오랜 세월 굳어져 마치 진리인 것처럼 위력을 발휘하는 생각들을 고정관념, 이데올로기라 한다. 남녀에 대한 고정관념은 대표 주자다. 남자는, 여자는 원래 이런 것이고 ~다워야 한다는 관념이 여타의 수없는 고정관념들을 파생시킨다. 사람들은 자기들이 온갖 이데올로기를 만들어서 그것 때문에 고초를 겪는다. 모두가 고정관념의 생산자이고 가해자며 동시에 희생자다.

몸에 대한 고정관념은 치명적인 경우가 많았고 여전히 유효하다. 여성의 몸은 성에 대한 고정관념이 작동하는 총

합체이다. 여성은 존재 자체나 능력보다 몸의 가치로 평가받는 것이 지금도 낯설지 않다. 특히 순결하지 않은, 오염된 여성으로 인식되면 평생을 낙인 속에 고통받으며 살게 된다. 호랑이 담배피던 시절 이야기로 들릴 테지만 정절을 잃은 여성은 은장도를 꺼내 자결하는 것이 불문율이었고, 열녀문을 세워 가문의 영광으로 삼을 만큼 여성의 순결은 목숨과 동급이었던 것이 불과 백여년 전의 이야기다. 어떤 남성도 순결을 잃었다고 목숨을 잃었다는 이야기는 진헤 듣지 못했다.

몸 자체는 더럽혀질 수 있는 것이 아니다. 더 오염되거나 더 고결한 몸은 없다. 독신수도를 한다고 몸 자체가 더 성스럽거나 고결하지 않다. 모든 몸은 평등하다. 독신이나 결혼이나 그 무엇도 삶의, 혹은 수행의 방편으로, 편의를 위해 선택한 것이다. 그 삶의 내용이 더 존중될 수는 있어도 몸의 고결함은 달라지지 않는다. 세속에 있거나 몇 차례의 결혼을 하거나간에 몸에는 아무런 가치의 변화가 없다. 몸은 단지 복을 짓고 보은을 하고 진리를 깨치고 수행하는 방편일 뿐이다.

사람만이 아니라 생명체들의 존재의 비롯은 고결하지 않다고 여겨지는 바로 그 오염됨에서 온다. 일체는 공空하다. 재료가 공하고 청정하므로 공空의 산물인 몸이 오염과 고결함으로 나뉠 수 없다. 일체가 법신으로서의 나, 청정법신이다. 모두가 법신으로서 한 몸인데 그 어디가 더 청정하고 어디가 더 오염될 수 있는가. 오염되거나 성스러운 몸의 세포는 따로 없다.

고결하고 아니고는 몸에 있지 않고 마음에 있다. 마음을 청정하게 갖춰 기도하면 모든 기도의 위력은 동등하다. 기도란 마음으로, 정성으로 하는 것이다. 원을 세우고 텅 비워서 일심으로 일원에, 법신에, 천지영기에 마음을 합하는 것이다. 기도의 위력은 그 마음 따라 나온다. 몸을 삼가는 것은 마음을 삼가는 것이다. 일원과 하나 되어 위력을 얻는 그 오롯한 마음이 귀하고 귀한 고결함이다. 독신 수행도 의미가 있지만, 앞으로의 세상에서는 집집마다 부처가 살며 신앙하고 기도하는 법당이 되어 처처불상 사사불공이 고루 실현될 것이다. 곳곳이 성소이며 일체만물이 성스럽다.

마음공부란 모든 고정관념이 허구임을 아는 것이다. 진리인 것처럼 믿고 있는 스스로의 고정관념을 발견해야 참된 신앙과 수행이 가능하다. 고정관념이 강하면 견성을 방해한다. 견성하면 고정관념이 저절로 허물어진다. 일체가 하나임을 아는 까닭이다. 어떤 면이든 누군가의 무엇이 거슬린다면 바로 자신의 오염된 생각, 허구, 즉 고정관념이 꿈틀거리는 것으로 이해하면 딱 맞다. 바로 이 글이 그럴 수 있다.

여자 교도 한 사람이 대종사께 여쭙기를 「저도 전무출신들과 같이 깨끗이 재계하옵고 기도를 올리고 싶사오나 가정에 매이어 제 자유가 없는 몸이므로 그 뜻을 이루지 못하오니 어찌하면 좋겠나이까.」 대종사 말씀하시기를 「마음 재계하는 것은 출가 재가가 다를 것이 없나니, 그대의 마음만 깨끗이 재계하고 정성껏 기도를 올리라. 그러하면, 그 정성에 따라 그만한 위력을 얻는 것이 아무 차별이 없으리라.」

15장

성자와 비행기

"너희 성자는 모르는게 없으시다며? 비행기랑 기차도 만들겠네?" 좀 우치한 질문에 '그야 당연하지!' 하며 의기양양하게 돌아설 수 있었다면 속이 시원했으련만, 귀에 들어가지도 않을 너~무 현실적이고 합리적인 논리로 여차저차 설명하는 제자의 처지도 참 딱했을 성 싶다. '그래서 비행기 제조법을 아신다는거야 아니라는거야?', '성자라고 뭐 특별한 것도 없구만!' 하며 돌아섰을 질문자와, '우리 대종사님도 그런 능력 방편으로라도 좀 보여주시면 좋으련만!' 하는 맘이 전혀 없진 않았을 제자의 뒷모습을 한번 상상해 본다.

전지전능하다면, 기적 같은 것도 행하고, 무엇이나 다 알고 다 만들어낼 수 있어야 한다는 것이 어리석은 중생들이 성자에게 기대하는 이미지다. 비행기나 기차 정도는 입김 한번 후~ 불어 만들어 내고 말이다.

만일, 성자들이 그런 분이라면 그 가족들은 천상천하 제일 갑부로 천수를 누렸으리라. 아끼는 제자나 지인이 경제적으로 어려워지면 돈을 만들어 도와줄테고, 누가 차 한 대만 만들어 달라 하면 뚝딱 만들어 주셨겠지. 나고 해주고 누군 안 해줄 수 없으니 온 세상 사람들이 번호표 뽑고 밤낮으로 줄을 서 문전성시를 이뤘을 것이다. 성자의 그런 기적 때문에 세상 모든 사농공상 직업은 경쟁력이 없어 다 문을 닫았을테고, 자기들도 그런 능력만 추구하느라 인간의 삶은 온통 엉망이 되었으리라. 능히 그러실 수 있었다면 왜 대종사님과 제자의 가족들은 굳이 그 간난한 삶을 사셨을까, 그것이 알고 싶다!

성자가 무엇이나 할 수 있어 우주의 기운도 돌릴 수 있다면 모든 어리석은 중생들을 다 깨닫고 다 성불하도록 만들어 놓을 능력도 있을 것 아닌가! 그런데 하물며 그 가족이나 제자들마저 다 깨달음에 이르도록 하지는 못하셨다. 우주의 기운도 다 돌려서 항상 극락만 지속되도록 판을 다 짜놓으셨다면 고통 속에 스스로 목숨을 끊는 파란고해를 겪지 않아도 되었을텐데 왜 그리 하지 않으셨을까. 이것 또한 의문이다.

주세성자는 세상을 바꿔서 중생을 건지러 오시지만, 당신 맘대로 세상을 아무렇게나 이리저리 바꿀 수 있는 것이 아니다. 오직 인류의 정신을 깨우칠 법을 펴서, 그 법으로써 정신 세력이 확장된 인류가 비로소 세상과 우주를 변화시킨다는 뜻이다. 사람이 변해야 천지가 변한다. 사람이 천지의 주인이다. 천하의 큰 도는 천지의 주인인 사람이라면 다 행할 수 있는 사실적이고 쉬운 것이라야 한다. 가장 쉽고 진리적인 법을 짜고 경영하는 분이 주세성자다. 모든 인류가 불생불멸과 인과의 진리를 훤히 알아서 그 진리대로 육근의 삶을 경영하고 우주만유를 부처로 모시는 것이 가장 큰 기적이며 길임을 몸소 보여주시는 분이다. 비행기나 기차 제조법을 안 배워도 알거나 이적들을 보여 사람을 현혹시키고 혹세무민하는 분이 아니다.

사실 성자가 비행기나 기차를 제조하신다 해도 맞다. 성자는 일원에 합일한 분이고, 일원은 곧 우주만유 전체이니, 비행기 제조하는 사람이나 대종사나 같다. 그가 비행기를 만드는 것이나 대종사님께서 제조하는 것이나 진배없으니 우치한 질문에 그냥, '당연하지!' 했어도 뭐 틀린 말은 아니었을 터! 단지 곧이곧대로 믿을 그의 지견이 우려될 뿐!

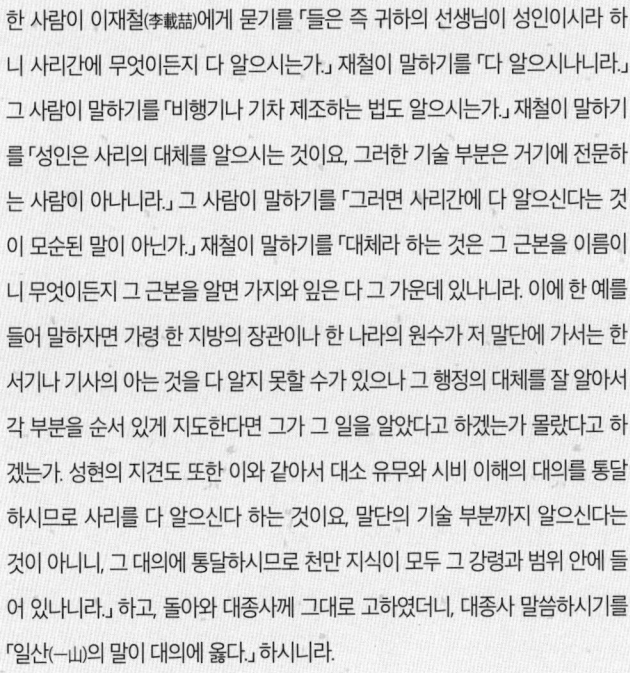

한 사람이 이재철(李載喆)에게 묻기를 「들은 즉 귀하의 선생님이 성인이시라 하니 사리간에 무엇이든지 다 알으시는가.」 재철이 말하기를 「다 알으시나니라.」 그 사람이 말하기를 「비행기나 기차 제조하는 법도 알으시는가.」 재철이 말하기를 「성인은 사리의 대체를 알으시는 것이요, 그러한 기술 부분은 거기에 전문하는 사람이 아니니라.」 그 사람이 말하기를 「그러면 사리간에 다 알으신다는 것이 모순된 말이 아닌가.」 재철이 말하기를 「대체라 하는 것은 그 근본을 이름이니 무엇이든지 그 근본을 알면 가지와 잎은 다 그 가운데 있나니라. 이에 한 예를 들어 말하자면 가령 한 지방의 장관이나 한 나라의 원수가 저 말단에 가서는 한 서기나 기사의 아는 것을 다 알지 못할 수가 있으나 그 행정의 대체를 잘 알아서 각 부분을 순서 있게 지도한다면 그가 그 일을 알았다고 하겠는가 몰랐다고 하겠는가. 성현의 지견도 또한 이와 같아서 대소 유무와 시비 이해의 대의를 통달하시므로 사리를 다 알으신다 하는 것이요, 말단의 기술 부분까지 알으신다는 것이 아니니, 그 대의에 통달하시므로 천만 지식이 모두 그 강령과 범위 안에 들어 있나니라.」 하고, 돌아와 대종사께 그대로 고하였더니, 대종사 말씀하시기를 「일산(一山)의 말이 대의에 옳다.」 하시니라.

# 16장

## 부처님 잔반 공양소

'부처님이 남긴 음식을 먹으면 천도도 받고 성불도 할 수 있다!'

이 명제가 진실이라면 부처라는 직업보다 쉽고 환상적인 일도 없겠다. 일단 진실이라는 가정 하에 내가 만약 부처라면 일생동안 할 일은 딱 한 가지, '부처님 잔반 공양소' 운영이다. 종일 밥만 먹고 남겨서 골고루 나눠주면 끝이다. 대신, 효율성을 극대화시키기 위해 밥그릇 크기는 대대익선大大益善, 클수록 좋다는 뜻이고, 하루 식사 횟수는 다다익선多多益善, 한 숟가락씩만 최대한 여러 끼니 혹은 여러 그릇 먹을수록 좋다.

부처님 남긴 밥을 먹은 중생들은 다 천도 받고 성불한다 하니, 일생동안 세계 방방곡곡을 돌며 이 사업을 계속하게 되면 결국 모든 인류를 다 성불하게 만들 수 있다. 때론, 너무 많은 이들이 몰려와 한밤중에도 먹기를 계속해야 할만큼 일정이 버거울 때도 있겠지만 부처니까 그쯤은 기쁘게 감당해야지. 어디 사람뿐이랴. 동물이건 미물 곤충이건 다 먹일 수 있고, 식물까지도 거름으로 줄 수 있으니 소나 물고기나 개미나 나무도 다 성불시킬 수 있겠다. 얼쑤~

이리 위대하고 멋진 사업을 막 구상하던 참인데, 「부처님 공양 후 남은 밥을 먹는다는 것은, 그만큼 부처님과 친근하게 된 것이라, 자연히 보는 것은 부처님 행동이요, 듣는 것은 부처님 말씀이요, 깨닫는 것은 부처님 정법이요, 물드는 것은 부처님 습관이 되어, 천도 받기도 쉽고 성불도 쉽게 할 수 있다는 것이 말씀의 본의다.」 하시며 단번에 망상을 접게 만드신다.

그렇담 '성자 코스프레'로 사업을 변경해서 구상해야겠다. 코스프레란, 실제는 그가 아니면서 ~인척하는 것을 일컫는 말로, 코스튬 플레이(주인공 분장놀이)의 일본식 표현이다.

연기를 잘하는 사람은 자기 역할이 주어지면 그 인물에 완전히 몰입한다. 주인공과 연기자가 겉돌고 어설픈 발연기가 아니다. 자신을 다 비우고 주인공 속으로 쏙 들어가 그의 마음 행동 생각 감정까지 완벽히 코스프레 할 때 가장 감동적인 연기가 된다. 그러다보면 때론 극중 인물에서 오랫동안 빠져나오지 못하는 증상을 겪기도 한다. 내가 주인공인지 주인공이 나인지 구분이 안 되는 상황이다.

만약, 그 역할이 성자라면, 그 극이 몇십 년 계속된다면 어떨까. '성자라면 이럴 때 어떻게 하셨을까' 연구하며 몰입해서 성자가 되어 성자처럼 사는 것이다. 성자의 언행 지혜 에너지를 내 것처럼 믿고 오래오래 가져다 쓰면 원래의 자기가 누군지, 내가 성자인지 성자가 나인지 구분이 안 되는, 내면화 단계에 이른다. 소설 '큰바위얼굴'처럼 오래도록 간절히 사모하며 잊지 않고 살면 어느날 스스로가 큰바위얼굴이 되어 나타나듯, 성자 코스프레를 오래 지속하면 자신도 모르게 부처님의 심성 언행 역량을 갖춘 사람으로 변해 있겠지! 이런 성자 코스프레 사업에 함께 투자해봄직 하지 않은가.

최측근에서 우파니샤드, 즉 성자와 무릎 가까이 앉아 언행과 가르침을 그대로 받드는 운 좋은 제자들이 있기 마련이다. 성자와 함께 먹고 생활하며 하나라도 더 듣고 보고 따라하고 깨쳐서 성불할 수 있는 천금같은 우파니샤드의 기회였으리라. 그 본의도 모른 채 공양하시는 부처님 옆에서 밥이나 남겨 달라 부담스레 기다리고 앉아 있으니 어찌 웃음이 나지 않으셨을까.

## 16

대종사 서울에 계실 때에 민자연화(閔自然華)가 매양 대종사의 공양하시고 남은 밥을 즐겨 먹거늘 대종사 그 연유를 물으시니 자연화 사뢰기를 「불서에 부처님 공양하고 남은 음식을 먹으면 천도도 받고 성불도 할 수 있다 하였삽기로 그러하나이다.」 대종사 말씀하시기를 「그것은 그대가 나를 지극히 믿고 존경함에서 나온 생각임을 알겠으나 그대가 그 말을 사실로 해석하여 알고 믿는가 또는 알지 못하고 미신으로 믿는가.」 자연화 사뢰기를 「그저 믿을 뿐이옵고 그 참 뜻을 분석해 보지는 못 하였나이다.」 대종사 말씀하시기를 「사람이 부처님의 공양하시고 남은 밥을 먹게 된 때에는 그만큼 부처님과 친근하게 된 것이라, 자연히 보는 것은 부처님의 행동이요, 듣는 것은 부처님의 말씀이요, 깨닫는 것은 부처님의 정법이요, 물드는 것은 부처님의 습관이 되어, 이에 따라 천도 받기도 쉽게 되고 성불도 쉽게 할 수 있을 것이 아닌가. 이것이 곧 그 말씀의 참 뜻이니라.」

## 17장

## 인형의 탑

**사원**의 탑을 많이 돌면 다음생에 극락 간다고 무슨무슨 시즌이 되면 합장하고 탑돌이 하는 행렬들이 있다. 어디쯤 있는지도 모를 극락을, 그것도 죽어야 간다는데 그리들 정성을 들인다. 진짜 탑과 극락을 코앞에 두고 말이다.

탑은 사찰의 뜰에만 있지 않다. 유정 무정의 모든 형상 있는 것들은 생성될 때 탑 하나씩을 가지고 온다. 나와 똑같이 생긴 인형의 탑도 여기 있다. 그 인형 탑을 하루 종일 데리고 다니며 관리하는 주인공은 어딘가에 따로 있다. 인형 탑은 백년이 못가 고장 나고 무너지며 결국 흩어지지만 주인공은 탑의 생성, 사라짐에 무관하게 영겁으로 여여하다. 그 보이지 않는 탑의 주인공 찾기가 '인형 탑돌이'의 관건이다.

보통은, 탑의 주인공이 각각 따로 탑마다 그 '안에 있다'고 믿어 의심치 않는다. '안에 있는' 주인공이 '밖을 보고 있다'고 말이다. 그게 바로 문제다. 무명, 어리석음이며, 완전한 착각이다. 그 주인공은 탑 안에 있다기보다 차라리 밖에 있다는 게 더 적실하다. 탑 안에 갇혀서는 결코 실재의 주인공을 만날 수가 없다!

몸 자체는 무정물이며, 몸의 재료는 사찰의 탑과 동일하다. 지수화풍이다. 지수화풍은 각각 본질이 텅 빈 공空이다. 일체의 탑은 '존재처럼' 착시될 뿐, 다 텅 빈 허공이다. 진실로 진~실로 텅 비어 있다. 테두리도 없다! 본래 공空한 인형 탑을 형체 없는 주인공이 유상有常으로 여여자연하게 경영한다. 아무리 많은 지수화풍의 탑이 생기고 사라져도 주인공은 하나다. 일체의 탑이 다 주인공 안에 있고, 한 주인공의 소유다. 거부장자다.

주인공은 한시도 탑을 떠난 적이 없고 탑도 주인공을 벗어나 존재한 적이 없다. 아무리 자르려 해도 불가능이다. 이 탑 저 탑, 이 인형 저 인형을 억지로 나눠, 탑 안에 스스로 가둬두고 답답함과 고통을 매일매일 진수성찬 뚝딱 차려내는 것이 중생의 재능이다. 업장이다. 허공을 어찌 나눌 수가 있는가. 낱낱이 나뉘어 따로 있다는 그 망상만 탁 놓으면 여여히 허공에 편만한 하나의 주인공이 나타난다.

우주가 사원의 뜰이며 일체만물이 탑이다. 주인공은 허공이다. 일체만물을 주인공이 만들고 움직이며 거두어들인다. 인형을 움직이게 하는 보이지 않는 주인공을 찾아 주인공으로 사는 것이 이생을 받아 온 사명이다. 하루 종일 수십 kg에 달하는 이 인형을 데리고 다니는 주인공을 찾는 이것이 탑돌이다. 이 '참 탑돌이'라야 어느날 주인공이 형체 없는 진짜 형체를 드러내 준다. 육근 작용마다 주인공이 잘 살펴 경영하니 그 결과는 어떨까? 무량한 은혜 감사 지혜 일체의 복 등등이 넘쳐흐른다. 다시 말하지만, 주인공이 가진 것이라곤 전지전능 자유자재 극락생활 뭐 그 정도!

추운날 탑돌이로 수고로운 이들이여! 지금 이 순간 그 인형탑 운전하는 주인 만나 육근작용 살피는 탑돌이 하면 즉각 극락성취라오. 일체 병을 낫게 해줄 만병통치약, 명의가 나 여기 있다 손 흔들며 돌아봐달라는데 당최 거들떠보려고도 않고 행여 죽어서 갈 극락행 티켓 놓칠세라 어지러이 탑만 돌고 있다!

17

한 제자 여쭙기를 「사원의 탑을 많이 돌면 죽은 후에 왕생 극락을 한다 하와 신자들이 탑을 돌며 예배하는 일이 많사오니 사실로 그러하오니까.」 대종사 말씀하시기를 「그는 우리 육신이 돌로 만든 탑만 돌라는 말씀이 아니라, 지·수·화·풍으로 모인 자기 육신의 탑을 자기의 마음이 항상 돌아서 살피면 극락을 수용할 수 있다는 뜻이니 몸이 돌로 만든 탑만 돌고 육신의 탑을 마음이 돌 줄을 모른다면 어찌 그 참 뜻을 알았다 하리요.」

# 18장

## 모성과 불보살성

**뒤돌**아 설거지를 하면서도 등 뒤에서 움직이는 아이의 행동을 제지하며 '어허! 안돼!' 하면, 아이는 '엄마는 눈이 뒤에도 달렸다'고 확신한다. 천안통인 셈이다! 아이의 울음소리만 듣고도 무엇이 문제인지 척척 알아듣는 엄마는 언어 이전의 소리도 듣는 천이통도 했다. 아이가 무슨 생각을 하는지, 무엇을 싫어하고 좋아하는지 다 알아내는 타심통도, 아이에게 무슨 일만 있으면 열 일 제치고 재깍 나타나 해결해주는 신족통도 가졌다.

아이 눈에 엄마는 모든 것을 다 알아 해결해주는 신과 동급으로 비친다. 자신을 다 맡기고 온전히 의존할 만하다.

어떻게 그런 능력이 생기게 된거냐 물으면 엄마는, '그냥 그렇게 되던데!' 한다. 그게 모성이다.

양육하는 이에게 길러지는 심성과 불가사의한 능력이 모성이다. 세심한 관심과 사랑으로 아이를 보살피며 어떤 상황에서도 안전하게 키우고 책임져가는 과정에서 길러진 역량이다. 우주에, 본성에 가득한 이 불가사의한 역량은 누구나 가져올 수 있는, 모두의 것이다. 단지 절박한 필요에 의해 활용할 일이 없기 때문에 그냥 잠재된 채로 있거나 흘러갈 뿐이다. 나를 넘어선 존재, '엄마역할'을 하다보면 천수천안의 역량이 필요해져서 그런 불보살같은 역량이 생긴다. 나 개인으로만 살면 그런 역할을 하지 않으므로 그런 힘이 길러지지 않는다.

불보살도 마찬가지다. 깨달음을 얻은 불보살이 되어서 중생제도라는 '불보살 역할'을 하다보면 '불보살성'이 길러진다. 불보살이 중생제도의 결과 생긴 심성과 불가사의한 역량을 모성에 견주어 불보살성이라 명명해본다. 불보살에게 중생은 자녀다. 자녀들인 중생들이 괴롭다고 울고불고하니 어떻게 구원해줄까 대자대비로 노심초사하며 단련한 역량들이 있다. 수없는 생을 통해 구해달라고 울부짖는 중생들을 제도해가는 과정에서 점점 커져간 '불보살성'이 바로 삼명육통三明六通이다. 중생이 없으면 단련할 필요가 없었을 것이니 중생 덕에 얻은 신통인 셈이다. 중생은 불보살이 복전이요 불보살은 중생이 복전이라, 서로서로 덕을 본다!

삼명三明은, 천안명, 숙명명, 누진명이며, 육통六通은, 여기에다 천이통 타심통 신족통의 세 가지를 더 추가한 것이다. 불보살에게 갖춰진 신통력이며 불가사의한 능력들이다.

천안명天眼明 천안통은 무명으로 인해 고통의 바다에서 허덕이는 중생의 모습을 꿰뚫어 볼줄 아는 눈이다. 숙명명宿命明 숙명통은 중생들의 과거 모든 생의 일들을 자유자재로 다 아는 능력이다. 누진명漏盡明 누진통은 고통의 근본원인을 알아서 삼세 모든 번뇌를 능히 끊을 수 있는 지혜다. 천이통天耳通은 고통받는 모든 중생들의 아픔을 다 들을 수 있는 신통이며, 타심통他心通은 중생의 마음을 자유자재로 아는 능력이다. 신족통神足通은 자유자재로 몸을 바꿔 나타나는 여의통이다. 일체가 중생제도에 필요한 역량들 아닌가!

모성과 불보살성 모두 울고불고 하는 자녀를, 중생들을 어찌할까 어찌할까 애태우며 대자대비심의 씨앗이 발아한 결과물이다. 못할 것이 없는 것이 부모며 불보살인데 어찌 이 여섯가지 뿐이랴! 무량하다. 삼명육통을 불보살이 되면 단번에 주어지는 능력으로만 보고 부러워한다면 철없는 소견이며, 단지 신통력만 얻고자 공들인다면 철없는 자가 칼을 쥐려는 것과 같다!

한 제자 여쭙기를 「과거 부처님 말씀에 공부가 순숙되면 삼명 육통(三明六通)을 얻는다 하였사오니, 어느 법위에나 오르면 삼명 육통을 얻게 되나이까.」 대종사 말씀하시기를 「삼명 가운데 숙명(宿明)·천안(天眼)의 이명과 육통 가운데 천안(天眼)·천이(天耳)·타심(他心)·숙명(宿明)·신족(神足)의 오통은 정식 법강항마위가 되지 못한 사람도 부분적으로 혹 얻을 수가 있으나 정식 법강항마위 이상 도인도 얻지 못하는 수가 있으며, 누진명(漏盡明)과 누진통은 대원 정각을 한 불보살이라야 능히 얻게 되나니라.」

## 19장

## 평생 그림자만 섬기다 가려!

뒷모습만 보고 아는 사람인줄 착각해 어깨를 툭 쳤는데 처음 보는 사람이라면 엄청 무안하고 당황스럽다. 그럴땐 '죄송합니다, 제가 사람을 잘못 봤습니다' 얼른 시인하는게 상책이다. 사실 매일같이 그러고 있으면서 시인을 안하는 딱 한사람이 있다. 낯선 이의 어깨를 툭툭 치며 자기라고 착각하는, 자기 잘못보기다. 그래놓고 전혀 무안하거나 당황스러워하지도 않으니 참 낯도 두껍다. 난줄 알고 그 속으로 쏙 들어가 평생 위해주고 섬기지만 그게 실상 내가 아닌 엉뚱한 이였음을 안다면 어떨까.

'지금 내가 나로 여기는 그 모든 것은 결코 내가 아니다!'

이 몸이 나며, 듣고 보고 생각하고 말하는 나는 몸 안에 있다고 믿는 그 모든 것은 100% 거짓이다. 깨달음을 방해하며 삶의 전도몽상을 일으키는 것은 바로 그 때문이다. 그림자를 나로 알고 평생 그림자에 공을 들이며 사니 이 어찌 대략난감 아니겠는가.

내가 아닌데 자꾸만 나라고 우겨대는 네가지 그림자를 사상四相이라 한다. 아상我相 인상人相 중생상衆生相 수자상壽者相이다. 아상은, '내가 있다'는 확고한 믿음이다. 인상은 나와 다른 남들, 대상들이 따로 있다는 구별이다. 중생상은 깨달은 부처와 나는 다르다는 생각이며, 수자상은 나이나 신분이나 지위로 자기를 삼는 방식이다. 즉, 남과 구별되어, 몇 살의 무엇을 하는, 분명히 존재하는 이 나는, 부처는 아니라는 생각이 사상四相이다. 그림자 나다.

이 네가지 그림자相가 그것의 진짜 주인공을 찾지 못하게 하는 암막장치다. 칠흑 같은 암막, 무명, 업장, 어리석음이다. 이 암막장치를 가지고는 실재의 나는 털끝도 보여주지 않는다. 제아무리 수행을 해도 결코 깨침은 불가능이다. 그동안 나로 삼았던 모든 것은 내가 아니라 헛것임을, 실체가 아닌 그것의 그림자임을 봐야 실체가 자기를 드러낸다. 그게 깨달음이다.

백척간두 진일보百尺竿頭進一步 시방세계 현전신十方世界

現全身이다. 3백미터 정도 높이의 대나무 장대 끝에 선 사람이 앞으로 한 걸음을 내디뎌야만 시방세계 참 몸이 드러난다. 수행을 한다고, 깨달음을 얻으려고 애써 백척의 장대 끝까지 올라갔건만, '나四相'를 놓지 않고 수행하고 깨달음을 얻으려 하니 끝내 한발을 딛지 못한다. 그 한발을 딛지 못하므로 시방세계인 법신이, 참나가 보여지지 않는다. 아무리 놓으라 고함을 쳐도 몸 안에 갇힌 나로서는, 끝까지 실 한가닥이라도 붙잡고 놓지 않는다. 죽는줄 안다. 그림자가 어찌 죽는다고….

그림자! 어떤 실체의 환상이지, 존재조차 아니다. 존재조차 아닌 그림자를 나로 알고 먹이고 입히고 싸우고 자존심 세우고 오르락내리락 종일 널을 뛴다. 몸, 생각, 감정이 다 그림자다. 실체는 따로 있다. 내가 알고 있는 나四相는 환상, 그림자임을 꿰뚫는 순간 백척간두에서 훨훨 자유로이 시방세계가 다 나인 실체를 본다. 아이러니하게도 그림자의 실체는 허공이다! 나는 어디 있는가를 물을 때, 나를 가리키는 손이 어디를 향하는가를 보면 깨침의 유무를 알수 있다! 나를 지칭하는 손가락이 몸쪽으로 향한다면 말짱 헛수행이다. 찰나간에 마음 속으로만 가리켰어도 마찬가지다. 그렇게 평생 그림자만 섬기다 간다. '부끄럽습니다, 저를 잘못 봤습니다' 시인하는게 그리도 어려운가!

한 제자 여쭙기를 「금강경 가운데 사상(四相)의 뜻을 알고 싶나이다.」 대종사 말씀하시기를 「사상에 대하여 고래로 여러 학자들의 해석이 많이 있는 모양이나 간단히 실지에 부합시켜 말하여 주리라. 아상(我相)이라 함은 모든 것을 자기 본위로만 생각하여 자기와 자기의 것만 좋다 하는 자존심을 이름이요, 인상(人相)이라 함은 만물 가운데 사람은 최령하니 다른 동물들은 사람을 위하여 생긴 것이라 마음대로 하여도 상관없다는 인간 본위에 국한됨을 이름이요, 중생상(衆生相)이라 함은 중생과 부처를 따로 구별하여 나 같은 중생이 무엇을 할 것이냐 하고 스스로 타락하여 향상이 없음을 이름이요, 수자상(壽者相)이라 함은 연령이나 연조나 지위가 높다는 유세로 시비는 가리지 않고 그것만 앞세우는 장노의 상을 이름이니, 이 사상을 가지고는 불지에 이르지 못하나니라.」 또 여쭙기를 「이 사상을 무슨 방법으로 없애오리까.」 대종사 말씀하시기를 「아상을 없애는 데는 내가 제일 사랑하고 위하는 이 육신이나 재산이나 지위나 권세도 죽는 날에는 아무 소용이 없으니 모두가 정해진 내 것이 아니라는 무상의 이치를 알아야 될 것이며, 인상을 없애는 데는 육도 사생이 순환 무궁하여 서로 몸이 바뀌는 이치를 알아야 될 것이며, 중생상을 없애는 데는 본시 중생과 부처가 둘이 아니라 부처가 매하면 중생이요 중생이 깨치면 부처인 줄 알아야 될 것이며, 수자상을 없애는 데는 육신에 있어서는 노소와 귀천이 있으나 성품에는 노소와 귀천이 없는 줄을 알아야 할 것이니, 수도인이 이 사상만 완전히 떨어지면 곧 부처니라.」

# 20장

## 종교와 도그마

 $\color{gray}\text{종교}$ 인들이 흔히 빠지기 쉬운 함정이 제대로 알지 못하고 일방적으로 주장하는 '도그마'다. 자기 것만 옳다 여기며 여타의 것은 다 배제하려 든다. 한쪽만 편벽되게 고집하는 이는 다른 쪽에 사고의 기형이 형성된다. 오랫동안 사용하지 않으면 결국 그 부분은 사멸되는데, 사유체계도 마찬가지다. 그 부분의 사유는 사멸되어 아무리 합리적으로 설명해도 한발짝도 나아가지 못한다. 사유계의 암흑, 천길 낭떠러지인 셈이다. 사고는 언어를 만들고 행동의 근거가 되므로 기형적 사유는 언어와 행동 역시 기형으로 만든다.

인류가 한몸, 한 근원이니 평화롭게 어울려 살기를 염원한 성자의 뜻을 담는 것이 종교다. 성자들의 본의는 눈 어둔 제자들에 의해 완전히 뒤틀려, 종교의 도그마에 빠진 구성원들은 기꺼이 목숨을 거는 전쟁을 불사한다. 아이러니하게 전쟁의 발발요소가 되니 어떤 종교들은 존재 자체가 비극이 된다는 것을 익히 보아왔다.

유교적 도그마에 빠져 불교적 사유체계가 사멸되면, 불교는 허무적멸虛無寂滅만 주장하여 임금도 부모도 없는 이상한 종교로 보인다. 불교 쪽 도그마에 빠지면 유교는 너무 현실적인 도리만 밝힌 답답한 가르침으로 비판한다. 체만 밝히면 유교적 도리가 자잘하게 보이고, 용만 밝히면 불교적 도리가 허망하게 여겨진다. 둘 다 치우친 사유라 늘 다툼이 인다. 성자의 가르침은 온전하지만 성품을 밝게 알지 못해 일어나는 일들이다.

우리 본성은 공원정이 동시작용이지 허무적멸空 상태만이 아니다. 무부무군無父無君은 진공이요, 유부유군有父有君은 묘유다. 태극 무극이 허무적멸, 진공이라면, 묘유는 인간만사에 밝고 세밀히 적용되는 심신작용이다. 진공으로 체를 삼고 묘유로 용을 삼는 것이 부처의 참 가르침이다. 마음의 근본을 알아 육근동작에 그대로 활용하는 것이 유교적 참 예법이다. '예는 하늘 이치의 절문이요 사람 일의 의칙'이며, 차별법이 없는 자리에 주住하여 다시 차별법을 쓰는 것이 예의 전체를 닦는 것이다.

유가에서는 무극 태극을 먼저 깨쳐 인의예지를 시의에 맞게 적용하는 안목이 필요하고, 불가에서는 허무적멸을 체로 삼고 보은불공을 용으로 삼아 병행해야 제불제성의 본의가 제대로 드러나게 된다. 깨치지 못하고 종교적 도그마에 빠지면 서로 다른 것만 찾느라 에너지를 낭비한다. 사유체계의 사멸을 자초하는 자기손해다. 성자들이 피안에서 어서 건너오라 손짓하는데 뗏목의 우열만 논하느라 눈감고 귀 막은 채 다툼의 기술만 는다. 이겨봤자 도긴개긴이다.

삶의 등불이 되는 경전은 낭떠러지로 가는 것을 막아준다. 성자들이 깨달은 참나에 대해 기술한 것이 경전이다. 동일한 심인자리를 옮긴 것이니, 그 근본은 다 같다. 문화권마다 표현이, 뗏목이 조금씩 다른 것 뿐이다. 깨치지 못한 제자들에 의해 뒤틀리고 왜곡된 부분들이 있어도 그 본의를 추구해보면 다 같다는 것을 아는 이는 다 안다. 어느 종교의 경전이든 제자들에 의해 뒤틀리고 꼬인 부분을 밝은 눈으로 풀어보면 다 일원(○)이 된다.

제자들에게 맡기면 그런 왜곡과 다툼이 일어남을 간파하시고 열반을 앞두신 대종사님께서 그토록 밤을 지새워 만고불변의 「정전」을 손수 제정해주신 깊으신 뜻을 오늘 다시 또다시!

이춘풍이 유가의 규모를 벗어나 출가하여 대종사를 뵈옵고 사뢰기를 「제가 대종사를 뵈오니 마음이 황홀하와 삼천 제자를 거느렸던 공자님을 뵈온 것 같사오나 원래 불교는 유교 선성들이 수긍하지 아니한 점이 있사와 늘 마음에 걸리나이다.」 대종사 말씀하시기를 「그 점이 무엇이던가.」 춘풍이 사뢰기를 「불교는 허무적멸을 주장하므로 무부무군(無父無君)이 된다고 하였나이다.」 대종사 말씀하시기를 「부처님의 본의가 영겁 다생에 많은 부모와 자녀를 위하사 제도의 문을 열어 놓으셨건마는 후래 제자로서 혹 그 뜻에 어그러진 바가 없지도 않았으나, 앞으로는 모든 법을 시대에 적응하게 하여 불교를 믿음으로써 가정의 일이 잘 되게 하고, 불교를 믿음으로써 사회 국가의 일이 잘 되도록 하려 하노니 무부무군이 될까 염려 하지 말 것이며, 또는 주역(周易)의 무극과 태극이 곧 허무적멸의 진경이요, 공자의 인(仁)이 곧 사욕이 없는 허무적멸의 자리요, 자사(子思)의 미발지중(未發之中)이 허무적멸이 아니면 적연 부동한 중(中)이 될 수 없고, 대학의 명명덕(明明德)이 허무적멸이 아니면 명덕을 밝힐 수 없는 바라, 그러므로 각종 각파가 말은 다르고 이름은 다르나 그 진리의 본원인즉 같나니라. 그러나, 허무적멸에만 그쳐 버리면 큰 도인이 될 수 없나니 허무적멸로 도의 체를 삼고 인·의·예·지로 도의 용을 삼아서 인간 만사에 풀어 쓸 줄 알아야 원만한 대도니라.」

# 대종경 변의품

21 ~ 30

# 21장

## 주세성자의 본사 本師

본사 本師는 일반적인 스승이 아니다. 법을 전해준, 깨달음을 인가한 스승이다. 만난 적도 없는 2천 5백년 전의 석가모니 부처님이 대종사께 법을 전한 본사다. 시간을 초월한다. 스스로 원을 발하고 스스로 정성을 다하고 스스로 길을 만들어가며 결국 스스로 인생과 우주의 비밀을 대원정각하는 경지에 이르렀지만, 그 과정에 아무도 도움이 되지도 알아보지도 못했을 어린 혹은 젊은 대종사! 동네 사람들에게 정상적이지 않은 사람으로 비쳐지고 깨달음의 경지를 이해해 줄 이 하나 없는데, '그것이 완벽하게 맞다'라고 누군가 인증한다면, 게다가 그 모든 구도의 행적이 다 정상적이다 못해 위대한 것임을 확인하게 된다면 그 환희심은 형언할 수 없을 것이다. '스승의 지도 없이, 발심한 동기부터도 얻은 경로와 행적과 말씀이 딱 부합되는 궤도를 걸었던 존재의 확인이 주는 일체감은 더할 나위 없었으리라. 스승 없이 홀로 깨달음을 얻은 대종사가 경전으로 서가모니를 알아보며 본사本師로 삼는 심경을 감히 이런식으로 헤아려본다.

주세성자는 재세 당대에 법을 전하고 인가하는 본사가 따로 없는 것이 맞겠다. 대원정각으로 일시에 깨침과 수행을 마쳐 보보일체 대성경이 되는 주세성자에게 법을 인도하고 인가한 스승이 있다면 위치가 참 난감해질 법하다. 자신의 제자들이 다 주세성자를 따르게 될 것이고, 자신 또한 그럴 수 있으니 말이다. 스승을 스승이라 부를 수 없고 제자를 제자라 여길 수 없다. 지극한 기도와 정성으로 찾아다녔건만 산신도 스승도 결국 만나지 못한 까닭, 그만큼의 정성이면 뭐든 나타났어야 할 법한데도 다 허사가 된 이유가 그것이지 싶다.

불불계세佛佛繼世, 세상을 주재할 정법을 새로 짜는 주세성자佛는 몇천 년이든 몇만 년이든 필요 따라 일정한 시대를 책임지고 온다. 동시대에 태어날 수도, 그럴 이유도 없다. 바통을 직접 주며 이어달리기 하는 성성상전聖聖相傳식 본사가 있을 수 없는 이유다. 수없는 생을 추적해보면 몸을 바꿔가며 자기가 자기의 본사가 되는 순환이 일어나는 그림이다. 사람에게 인가받고 전수하기보다, 경전을 통해 스스로가 스스로를 알아본다. 깨달음, 참나, 본성에 대한 기록이 경전이라 가능하다. 과거 자신의 일기를 보면 지난 일을 생생히 기억할 수 있듯, 본의가 제대로 살아있는 경전은 불불佛佛의 과거시대 일기장인 셈이다.

때를 따라 인간 세상에 몸을 택해 오실 때, 무작위는 아닐진데, 그 장소는 어떻게 선정하실까. 하필 일제강점기 나라도 이름도 희망도 없는 조그만 땅 한반도, 한민족이다. 인류구원을 위해 이 세상에 오시지만, 아무리 주세성자라 해도 자신의 법이 길이길이 유전될 조건, 투자 대비 효율성인 가성비를 고려하지 않았을 리 만무다. 정법의 씨가 제대로 발아하여 온 천지에 편만할 가능성을 정확히 보고 뿌린 것은 의심할 여지가 없다.

일원대도는 원불교인만의 것이 아니다. 국경도 민족도 종교도 초월한 전반의 것, 온 인류의 것이다. 구만리장천을 나는 봉황의 뜻을 참새가 어이 알리! 일체를 하나로 보는 주세성자의 뜻을 참새의 소견으로 보자면, 주세성자께서 법의 못자리판, 정신의 지도국 도덕의 부모국으로 삼으신 그 선택의 땅 한반도에 태어나 이 회상을 만난 은혜라니!

21

한 제자 여쭙기를 「어떠한 사람이 와서 대종사의 스승을 묻자옵기로 우리 대종사님께서는 스스로 대각을 이루셨는지라 직접 스승이 아니 계신다고 하였나이다.」 대종사 말씀하시기를 「후일에 또 다시 나의 스승을 묻는 사람이 있으면 너희 스승은 내가 되고 나의 스승은 너희가 된다고 답하라.」 또 한 제자 여쭙기를 「대종사의 법통은 어느 부처님이 본사(本師)가 되시나이까.」 대종사 말씀하시기를 「한 판이 바뀌는 때이나 서가 세존이 본사가 되시나니라.」

## 22장

### 아깝다, 소태산 불상!

천주교를 신앙하다 입교한 교도님이, 이렇게 훌륭한 가르침과 제도와 성직자들이 있는데 원불교는 왜 타종교에 비해 사람들이 덜 찾는지 모르겠다 한다. 아직 세상의 인지는 깨달음보다 인격체신앙, 기복신앙, 인격자 만드는 정도의 수행이 주가 되는 시대라 그렇다. 일원대도는 일원을 깨쳐 일원을 신앙하고 수행하는 위없는 가르침이다. 여래 되는 것이 표준으로, 인지가 크게 열린 시대에 맞춰 나왔다. 오만년 대운을 이을 법맥인데, 이제야 백년, 여명 전인데다, 세상의 인지가 아직이라서 그렇다.

원불교 개교의 의미는 종교 하나 더 내어 경쟁적으로 교세확장을 하려는데 있지 않다. 빠른 교세확장을 위했다면 매우 쉽고 효과적인 방편이 있긴 있다. 불상이든 마리아든 십자가든 어떤 인격적 형상이나 상을 신앙의 대상으로 했다면 지금보다 훨씬 큰 성장을 이뤘을 것이다.

체구도 크고 용모가 수려하신 대종사님은 기념상 만들기에 안성맞춤이다. 석굴암 부처님같이 대종사님을 불단 앞에 모시고, 찬란한 일원상을 그 뒤에 모시면 얼마나 좋은가. 대종사님을 떠올리는 인격신앙은 최고의 위력이 있다! 기도하고 참선하고 참회하고 심신을 삼가는데도, 교세확장에도, 신앙심 제고에도 효과 만점일 것이다. 성탑 앞 기도가 일원상 앞 기도보다 더 잘되지 않던가. 뒤에 일원상도 모셨으니, 좀 지견있는 사람에게는 일원에 대해 설해주면 될터라 아무 문제없어 보인다.

아깝다! 이렇게 효과적인 마케팅 전략을 일언지하에 금하신 대종사님! 기념상을 조성해도 되냐는 제자의 질문에, 글쎄다~ 하고 뒤끝을 조금만이라도 흐려주셨더라면 제자들이 알아서 이런 식으로 효과적인 마케팅을 벌였을텐데, '기념상으로 공덕을 기릴지언정 신앙의 대상으로는 삼지 못한다' 못박으셨네! 뭐하러 안해도 될 질문을 해가지고 긁어 부스럼을 만들었담!

'하근기는 형상 있는 것이라야 믿고, 좀 지각이 난 이는 명상에 의지하여 믿고, 좀 더 깨치면 진리 당체를 믿는다. 앞으로 차차 천하의 인심이 일원대도에 돌아오리라'하신 정산종사 말씀처럼 신앙에도 단계가 있다.

앞에 인격상이 있으면 특출하게 지각있는 사람 외에는 거기에 신앙하려 하지, 진리당체를 바로 깨닫는 공부는 계속 뒷전이 된다. 보라. 무상대도인 불교마저 제자들이 불상을 모시는 바람에 부처님의 본의는 사라지고 대다수가 기복신앙을 벗어나지 못하고 있다!

일원대도 정법은 숫자로 타종교와 경쟁우위에 서려는 가르침이 아니다. 종교 하나 더 늘려 종교인 나눠 갖기 하려는 것이 아니라, 기존 신앙의 오류를 벗어나 일원상 하나로 바로 깨침이 일어나도록 인도한다. 깨침을 저해하는 일체 상을 놓고, 저 둥근 일원상 하나, 때론 그것마저 없이, 허공법계 일체만물이 곧 진리임을 믿고 자성을 깨달아 활용케 하는 신앙 수행의 직항로다. 아직 그 참 가치를 알아보는 이 적지만, 앞으로 차차 인지가 열려 자성을 오득해 활용하는, 일원화 만발한 세상이 올 것이다!

급한 것은 사람모으기가 아니라 한사람이라도 더 깨친 이들이 많게 만드는 것이다. 그러니 교화를, 교세를 먼저 걱정하기보다 스스로 깨침이 더딤을 두려워할 일이지!

한 제자 여쭙기를 「우리는 불상 숭배를 개혁하였사오니 앞으로 어느 때까지든지 대종사 이하 역대 법사의 기념상도 조성할 수 없사오리까.」 대종사 말씀하시기를 「기념상을 조성하여 유공인을 기념할 수는 있으나 신앙의 대상으로 삼지는 못하리라.」

23장

뭣이 중헌디?

'배(復)안의 할아버지'라는 말 있다. 아직 태어나지도 않은 아이가 항렬이 높아서 할아버지가 된다는 뜻이다. 항렬은 그가 한 조상에서 몇대 손인가를 구분하기 위한 척도다. 항렬이 높다하여 태중 아기의 존재 자체가 누구보다 더 높은 것이 아니다. 방편과 언어에 속아 본질을 놓치고 살면 높고 낮음을 가리느라 정신이 복잡하고 세상이 시끄러워진다.

위쪽이 더 중요한가 옆이 더 중요한가. 응감을 받아야 좋은가 하감을 받아야 좋은가. 부모가 중요한가 형제가 중요한가. 천지 부모 동포 법률 사은 중에 더 중한 것이 따로 있어 하감과 응감으로 나눈 것이 아니다. 항렬을 나눠 표현을 달리 해본 언어적 묘미일 뿐이다.

세상을 살아가는데는 언어와 이름과 역할이 필요불가결하다. 하감과 응감은 이름과 언어다. 이름을 붙이고, 역할을 정한다 해서 그 절대적 평등성은 달라지지 않는다. 세부적으로 이름과 위치와 역할은 각양각색이어도 우주만물 허공법계 그 어느 하나 더 중하거나 더 가볍거나 하찮지 않다. 사생일신! 일체가 내 몸, 법신뿐인데, 내 몸 어디를 더 중하고 어디를 더 경하다 구분할 수 있는가. 사은, 우주만물은 각각의 역할, 에너지 체계가 다른 것이지, 높고 낮음도 귀하고 천함도 없이 평등한 한몸이다. 분별없는 자리에서 보면 다 하나며, 분별있는 자리에서 보면 기능이 천차만별이고 이름과 역할은 무량한 묘유다.

원이란 출발점도 없고 끝도 없고 앞뒤도 없고 위아래도 없다. 더 높고 낮음도 없고 더 중하고 가벼움도 없다. 중심도 없고 변두리도 없다. 절대적인 시작점은 따로 없다. 절대적으로 시작하는 곳, 중심되는 곳이 있어야 절대적인 높고 낮음이 설정될 수 있다. 몸의 시작점도, 우주의 시작점도 따로 있지 않다. 시작하는 곳이 없으니 일체만물이 다 중심이 된다. 어디가 더 높거나 중한 곳이 없다. 지구본 속의 지도는 거꾸로 놓아도 옆으로 놓아도 다 옳다. 중심과 가치와 경중을 설정하는 것은 작위적인 것이지 본질 자체에는 아무런 차등이 없다.

일체의 언어와 현상의 나타남에서 그 본질적으로 둘이 아님을 여여히 볼 수 있어야 차별없는 참 불공이 이뤄진다. 체를 떠나지 않고 용을 보면 평등한 가운데 차별없이 응할 수 있다. 언어 이전의 자리에서 언어를 읽어야 어긋남 없이 본의가 훤히 드러난다. 모르면 언어와 위치와 역할따라 차별이 일어나고 억지스런 불공, 불공하는 척하는 신앙만 한다. 언어와 이름에 속아 살면 일체가 시끄럽고, 일원을 떠나지 않고 온갖 현상을 바라보면 일체가 기적이며 은혜이며 한 몸의 움직임으로 보여진다.

언어에 속고 머리로만 아는 진리는 아무 힘이 없다. 경중을 따지고 뭣이 중한가에 이끌린다. 진리를 진실로 알고 그 자리를 떠나지 않는 공부를 하는 이는 그 어떤 것이어도 더 하찮거나 더 위대하게 여기지 않는다. 의전상 누구를 어떤 자리에 앉힐 수는 있어도 이름과 지위와 역할을 보고 누구 앞에서 더 거만해지거나 더 위축되지 않는다. '감히 누구 앞에서~' 마음속에 이런 언어와 감정이 출렁이거들랑 당장 알아차릴 일이다. 진리를 털끝만큼도 모르거나 알아도 아직 힘이 없거나 둘 중 하나일 터이다. 온 우주가 나뿐이거늘 더 교만할 것도 괜히 위축될 것도 없지 않은가!

한 제자 여쭙기를 「사은에 경중이 있어서 천지·부모는 하감지위(下鑑之位)라 하고, 동포·법률은 응감지위(應鑑之位)라 하나이까.」 대종사 말씀하시기를 「경중을 따로 논할 것은 없으나 항렬(行列)로써 말하자면 천지·부모는 부모 항이요, 동포·법률은 형제 항이라 그러므로 하감·응감으로써 구분하였나니라.」

## 24장

## 캥거루족을 넘어서

**성인**이 되어도 부모곁을 떠나지 못하고 의존해 사는 이들을 캥거루족이라 칭한다. 어떤 부모도 자녀들이 평생 품을 떠나지 않고 의존해 살기를 바라지 않는다. 자력을 얻어 자립하도록 가르치고 인도한다. 신앙에도 캥거루족이 있다. 평생 성자만 섬기고 찬양하고 주시옵소서 하며 보살핌만 받으려는 신앙이다. 주세성자는 성자 자신을 섬기고 추앙하고 귀의하는 것을 결코 원하지 않는다. 자녀로 삼는 모든 인류(우리 어리석은 중생)가 일원 당체를 깨달아 일원의 위력을 얻고 체성에 합한 성자가 되기를 발원한다. 파수공행, 성자와 손잡고 나란히 가도록 만드는 것이 세상에 와서 법을 펴시는 본의다.

성자에 대한 최고의 보은은 그 경지에 완벽하게 도달하는 것이다. 저 높은 곳을 향하여 무릎 꿇고 공경하고 찬양만 하면 으뜸가는 보은자가 아니다. 그 경지에 합일하여 스승의 마음이 내 마음이 되고 스승의 언행이 내 언행이 되게 해야 상수 제자다.

'천지의 도를 체받아 실행하는 것이 보은이라'는 말씀은 섬기고, 찬양하고 신앙하지만 말고 나의 깨친 자리에 도달하고 증명하고 빛내라는 당부이자 격려이자 서원이다. 지성으로 믿고 수행하여 일원이, 천지가 되라는 말씀이다.

주세성자가 깨달아 실행하신 것이 천지8도다. 천지의 밝고 정성하고 공정하고 순리자연하고 광대무량하고 영원하고 길흉없고 응용무념함을 체받아 실행하는 이는 천지와 하나다. 천지8도가 진리 전체며 곧 일원이다. 삼세 제불제성은 오직 이것을 실행하신 분들이다. 천지8도는 깨달음 없이 흉내낼 수 있는 경지가 아니다. 깨닫지 못하고는 짐작도 할 수 없거늘 '천지의 도를 체받아 실행하는' 그 경지를 어찌 감히 '한갓'이라고 표현할 수 있으랴!

일원대도는 교리의 한말씀 한말씀이 깨닫지 못한 눈으로는 헤아리기조차 어려운 위대한 경지들이다. 일원을 깨치지 못하고 교리를 머리로만 이해하면 캥거루족 신앙이 되기 쉽다. 평생 말씀 자체를 숭배하고 주견으로 이해한다. 말씀을 믿고 받드는 것으로 위안 삼으며, 그 은혜에 안기어 살거나, 말씀을 분석하고 연구하고 논쟁하느라 스스로 '깨달은 성자되기'를 유보하는 이는 안타까운 캥거루족 신앙인이다.

천지와 성자들은 하나, 천지와 동일체다. 나와 천지와 성자가 하나되는 것이 깨달음이다. 골똘히 간절히 일원 당체를 깨닫는 데에 무엇보다 먼저 공을 들여야 한다. 깨달음에 대한 서원과 신분의성이 사무쳐서, 결국 스승의 아는 것을 다 알고 행하여 그 사업을 계승해야 참 제자며 참 보은자며 참된 신앙인이다.

대각개교절은 깨달음을 찬양하는 날이기 보다 깨달음을 발원하고 분발하고 각성하고 동기부여를 다시 하는 날이다. 무명업장, 에고의 탁하고 어지러운 안경을 벗어 전혀 다른 시각으로 보게 되는 것이 깨침이다. 에고의 안경을 벗어던지면 바로 온전하고 찬란한 삼라만상경전, 자성경전, 참경전, 참말씀이 보여진다. 일원대도를 개교하신 것은 종교의 문을 하나 더 늘린 것이 아니다. 캥거루족 신앙에서, 인지가 열리는 시대에 맞게 깨달음의 가장 쉽고 보편적이고 온전한 길을 온 인류에게 열어주신 주세불의 한량없는 은혜다!

## 24

한 제자 여쭙기를 「정전 가운데 천지 보은의 강령에 "사람이 천지 보은을 하기로 하면 먼저 그 도를 체받아 실행하라" 하였사오니, 천지는 우리에게 그러한 큰 은혜를 입혔사온데 우리는 한갓 천지의 도를 본받아 행하는 것만으로써 어찌 보은이 된다 하겠나이까.」 대종사 말씀하시기를 「이에 대하여 한 예를 들어 말한다면 과거 불보살의 회상이나 성현 군자의 문정(門庭)에 그 제자가 선생의 가르치신 은혜를 받은 후 설사 물질의 보수는 없다 할지라도 그 선생의 아는 것을 다 알고 행하는 것을 다 행하여 선생의 사업을 능히 계승한다면 우리는 그를 일러 선생의 보은자라 할 것인가, 배은자라 할 것인가. 이것을 미루어 생각할 때에 천지의 도를 본받아 행함이 천지 보은이 될 것임을 가히 알지니라.」

# 25장

## 성자를 둔 부모

'**당신**의 자녀가 어떤 방식으로 효도하기를 원하는가?' '①옆에서 나를 잘 봉양해주면 좋겠다. ②출세해서 유명한 사람이 되면 좋겠다. ③깨달음을 얻어 성자가 되면 좋겠다' 이런 설문을 한다면 어떤 답이 나올지 궁금하다. 이 중에 누구나 할 수 있는 가장 쉬운 것은 ③번이다. ①번과 ②번은 누구나 가능한 것은 아니다. 언뜻 생각하면 가장 어렵고 가능성이 낮을 것 같지만 사실 가장 쉽고 누구에게나 동등하고 가능한 것이 깨달음을 얻는 일이다. 부처의 지견인 깨달음을 얻어 부처의 행을 하는 것, 이것을 견성과 성불이라 한다. 인생의 요도와 공부의 요도로 부처의 지견을 얻어 부처의 행을 하는 것은 누구에게나 해당한다. 동시에 효도하고 보은하는 최고의 자녀가 되는 길이다.

여래 되는 것은 누구나 가능하다. 만약 그것이 불가능하거나 불종자가 이미 정해있다 한다면 대각여래위를 「정전」에 명시했을 리 없다. 극비리에 전하는 비서秘書로 숨겨두었을 것이다. 일체 인류가 다 가능하고 다 도달해야 하기 때문에 모두가 보는 경전에 밝히신 것이다.

부모님이 내게 준 은혜를 알아야 참된 보은도 가능하다. 진정 감사해서 보은하고 효도하는가, 해야 하니까 하는가. 누군가는, 혹은 때로는, 세상에 태어난 것이 고통으로 느껴진다. 시쳇말로 금수저를 물고 나왔든 흙수저로 태어났든 상관없이 삶은 그 누구에게도 녹록치 않다. 생로병사가 고통이다. 태어남 자체부터 고통인데 왜 원하지도 않은 나를 이 고해속으로 끌어다 낳아놓으셨는가!

부모가 하는 역할, 즉 절대적인 은혜는 단 하나, 이 세상에 나오는 통로가 되어준 것이다. 그 이외에는 다 덤이다. 한 생명이 태어나게 하고 그 무자력한 존재가 죽지 않게 도운 존재는 다 부모다. 살아 이 글을 읽는 자체가 그 절대적 은혜를 누군가 주었다는 증거다. 고해로 불리는 이 세상에 나온 것은 부모가 한 것이 아니라, 단지 부모를 통해서 온 것 뿐이다. 부모가 날 낳은 것이 아니다. 나의 필요, 나의 원에 의해 내가 부모를 선택해 나온다. 부모는 단지, 영속하는 내 과업(견성성불)을 완성토록 통로가 돼주고 살아있게 해준 절대적 존재다. 깨달음이라는 과업을 완성해야 하는 것은 순전히 나의 서원이고 몫이다. 부모를 통하지 않으면 이 몸을 얻지 못하니 과업을 완성할 길이 없다. 무엇도 탓할 것 없는 내 선택이다. 어떤 환경이든 상관없이 다 깨침의 기회요 다 뜻이 있다. 사람에게만 깨칠수 있는 각혼覺魂이 있다. 성자되어 대자유를 얻으려는 원으로 각혼을 가진 억겁난우의 인간몸 받아 와서 그냥 열심히 잘 살고만 떠나가도 안타까운 일이거늘.

최고의 부모보은은 깨침에서 출발한다. 깨달음을 얻어야 부모의 은혜가 얼마나 무량한지 저절로 알게 되고 마음 깊은 곳에서 감사가 흘러나온다. 탓하는 마음이 없어지고 아무리 못난 부모라도 모든 부모는 위대함을 알게 된다.

이 전무후무한 회상 만나, 부모를 희사위, 성자를 낳은 부모의 반열에 올려드리면 '자녀로 말미암아 부모의 영명令名이 천추에 길이 전하여 만인의 존모할 바 될 것이니, 어찌 단촉한 일생에 시봉만 드리는 것에 비하겠는가!'

한 제자 여쭙기를 「부모 보은의 조목에 "공부의 요도와 인생의 요도를 유루 없이 밟으라." 하셨사오니 그것이 어찌 부모 보은이 되나이까.」 대종사 말씀하시기를 「공부의 요도를 지내고 나면 부처님의 지견을 얻을 것이요, 인생의 요도를 밟고 나면 부처님의 실행을 얻을지니, 자녀된 자로서 부처님의 지행을 얻어 부처님의 사업을 이룬다면 그 꽃다운 이름이 너른 세상에 드러나서 자연 부모의 은혜까지 드러나게 될 것이라, 그리 된다면 그 자녀로 말미암아 부모의 영명(슈名)이 천추에 길이 전하여 만인의 존모할 바 될 것이니, 어찌 단촉한 일생에 시봉만 드리는 것에 비하겠는가. 그러므로 이는 실로 무량한 보은이 되나니라.」 또 여쭙기를 「자력 없는 타인의 부모라도 내 부모와 같이 보호하라 하셨사오니 그것은 어찌 부모 보은이 되나이까.」 대종사 말씀하시기를 「과거 부처님이 말씀하신 다생의 이치로써 미루어 보면 과거 미래 수천만 겁을 통하여 정하였던 부모와 정할 부모가 실로 한이 없고 수가 없을 것이니, 이 많은 부모의 은혜를 어찌 현생 부모 한두 분에게만 보은함으로써 다하였다 하리요. 그러므로 현생 부모가 생존하시거나 열반하신 후나 힘이 미치는 대로 자력 없는 타인 부모의 보호법을 쓰면 이는 삼세 일체 부모의 큰 보은이 되나니라.」

26장

빠져나갈 틈이 없구나!

어찌하면 저 '우리 어리석은 중생들'을 다 부처 만들까! 대종사님의 법을 펴신 목적은 오직 이 하나. 기질도, 지혜의 밝기도, 업력도 각각인지라, 알고 보면 같은 말씀인데 이렇게도 저렇게도 다른 방식으로 표현한 것들이 결국 「정전」이 되었다. 수학처럼 답이 하나로 딱 떨어지는 해법이 없다. 어느 구름에 비 들었을지 모르는 일, 어느 약이 약효를 낼지 모르고, 사람 따라 확 와닿는 지점이 다양하니 같은 말씀을 하고 하고 또 반복하신다.

어리석은 우리 중생, 공부를 한다 했다 안한다 했다 변덕도 심하고 입맛도 까다로우니 그에 맞춰 어르고 달래며 법을 이리저리 요리해서 내놓으신다. 이래서 못하네 저래서 못하네 핑계 대며 빠져나가려는 구멍을 탁탁 막아서, '그럼 이렇게 해보면 어떠냐'하고 부처되는 다른 길로 연결하신다. 동動으로 핑계를 대면 정靜으로, 너무 커서 못한다 핑계를 대면 세밀함으로, 남자라서 여자라서, 나이가 많아서 적어서, 배워서 못배워서 하네 못하네 부처되는 길에서 이탈하려 하면 반대의 길을 활짝 열어 보이신다.

삼학이 너무 어렵다고 건너뛰려 하니 다시, 좀 더 세세하게 상시응용주의사항, 교당내왕시 주의사항으로 길을 내시며 이쪽으로 가보라 하신다. 알고보면 다 삼학인데 새로운 수행법인줄 안다. 일원상 하나면, 교리도 하나면, 일상수행의 요법 하나면 충분하지만 길을 내고 내고 또 내며 같은 말씀을 포장지를 바꿔가며 내미신다. 어떻게 해서라도 다 여래위에 올려놓고야 말겠다는 대소유무의 주밀한 프로그램 안에서 빠져나갈 길이 없다.

대자대비로 일체생령을 제도하되 만능이 겸비하며, 천만 방편으로 수기응변하여 교화하되 그 방편을 알지 못하도록 하시는 삼계 대도사의 교화법이다. 대포무외 세입무내, 대승 소승, 치우침도 물샐 틈도 없는, 병진, 쌍전, 병행, 온전, 일원이다. 어느 부분만 강조하는 종파와 달라서 두루두루 원만하다.

상시로 공부할 때나, 교당을 다녀갈 때나, 동할 때나 정할 때나 한때도 공부를 떠나지 않고 누구나 부처로 만들어 놓으리라는 물 샐틈 없는 완벽한 법망이다. 다 부처만드는 재료들이라, 어느 것을 가져다 써도 서로 도움이 되고, 서로 연결되어 모든 말씀이 결국 하나 '일원'으로 향한다. 평상시에 육근을 운용할때도, 교당을 다녀갈때도, 상시로 정기로 넘나들며 성불의 공부길 놓지 않게 하신 여래의 숨은 방편들이 무량하고 무량하다. 모든 개울물은 결국 바다로 흘러가는 법이라, 어떤 길을 통해 가더라도 목적은 하나, 부처되는 일이다. 기질, 업식, 지혜의 정도, 와닿는 부분따라 각자가 어떤 지류에서 시작해도 결국 다 바다, 본성, 일원, 여래로 향한다.

실상 일체 교리는 일원(○) 하나면 완벽하다. 본성이 일원이다. 일원을 깨쳐 퍼즐의 원판을 아는 이는 퍼즐 조각인 일체의 교리와 말씀들이 어느 지점인지 훤히 안다. 원판을 알면 동정에도 대소에도 유무에도 걸림없다. 원판을 모르면 작은 퍼즐 조각 한두개 붙잡고 평생을 자기 퍼즐이 옳다 고집한다. 원판을 먼저 알고 퍼즐을 맞춰야 성불로 가는 퍼즐놀이가 재미가 있고 완성도가 있다. 그 원판으로 안내하는 무량한 자비의 손짓이 바로 우리의 「정전」이다.

한 제자 여쭙기를 「정전 가운데 상시 응용 주의 사항 각 조목과 삼학과의 관계는 어떠하나이까.」 대종사 말씀하시기를 「상시 응용 주의 사항은 곧 삼학을 분해하여 제정한 것이니 오조는 정신 수양을 진행시키는 길이요, 이조·삼조·사조는 사리 연구를 진행시키는 길이요, 일조는 작업 취사를 진행시키는 길이요, 육조는 삼학 공부 실행하고 아니한 것을 살피고 대조하는 길이니라.」 또 여쭙기를 「상시 응용 주의 사항 각 조목을 동·정 두 사이로 나누어 보면 어떻게 되나이까.」 대종사 말씀하시기를 「삼조·사조·오조는 정할 때 공부로서 동할 때 공부의 자료를 준비하는 길이 되고, 일조·이조·육조는 동할 때 공부로서 정할 때 공부의 자료를 준비하는 길이 되나니, 서로 서로 도움이 되는 길이며, 일분 일각도 공부를 놓지 않게 하는 길이니라.」 또 여쭙기를 「상시 응용 주의 사항과 교당 내왕시 주의 사항의 관계는 어떠하나이까.」 대종사 말씀하시기를 「상시 응용 주의 사항은 유무식·남녀·노소·선악·귀천을 막론하고 인간 생활을 하여 가면서도 상시로 공부할 수 있는 빠른 법이 되고, 교당 내왕시 주의 사항은 상시 응용 주의 사항의 길을 도와주고 알려 주는 법이 되나니라.」

## 27장

## 같은 값이면!

가난할 때 내 것을 내주면 주머니가 더 쪼들려야 하고, 없는 시간을 내주었다면 삶이 더 빡빡해야 하고, 몸 힘든데 봉사를 하면 더 지쳐야 하는데 결과는 그 반대다. 역설적이게도 내줄수록 주머니는 더 풍성해지고, 시간은 더 여유로우며, 건강은 더 좋아진다. 세간의 셈과 정반대다. 베풀지 않으면 오지 않는다. 어느 철학자의 말처럼, 복받기를 원하면서 베풀지 않는 자는 자기가 장차 건너가야만 할 다리를 부수며 사는 것과 같다. 삶이 위태하고 원하는 것이 이뤄지지 않는다.

모든 보시는 다 내가 나에게 한다. 육근假我을 통로로 해서, 일원인 나, 전체인 나眞我에게 한다. 일체의 복은 통로가 되었던 바로 그 육근假我에게 되돌아온다. 보시가 흘러나왔던 지점으로 확장된 에너지가 되어 되돌아오는 것이 소위 복이다. 큰나, 전체를 다 행복한 낙원이 되게 하면서 육근이 복도 크게 받으니 더할 나위 없다. 물건이든 돈이든 마음이든 몸으로 하든 모든 보시는 결국 다 나에게 한다. 남에게 하는 것은 아무것도 없다. 큰 나를 알면 일체에 탈이 없고, 기대할 것도 억울할 것도 원망할 것도 없다.

보시할 때, 같은 값이면 국한 없이 공공으로 베풀어야 공덕이 크다. 그렇다고 개인에겐 아무것도 주지 말란 말이 아니다. 앞에 한사람만 있으면 그가 곧 전체이고, 열사람이 있으면 열사람이 공공이다. 골고루 모두를 이롭게 하는 것이 참다운 보시다.

맛있는 파전 몇 장이 있다고 해보자. 내 맘에 맞는 옆집에만 몰래 주는 것보다 동네 사람들 불러 한입씩이라도 함께 하면 같은 양을 가지고도 그 공덕은 한사람에게 준 것에 비할 수 없이 크다. 옆집만 주었다면 기껏해야 파전 몇 장이 되돌아 올 테지만, 함께 나누면 동네사람들이 다 몇 장씩 들고 올 게 뻔하다. 한입씩만 먹었다고 한 조각씩만 가져오지 않는다. 같은 양을 가지고 국한 없이 베푸는 공덕도 이와 같다. 평상시에 널리 고루 베풀어 놓으면 항상 도움을 주려는 사람들이 계속 나타나 삶이 유여하게 된다.

　국한 없이 베푸는 것이 중요한 이유는 그래야 탈이 없는 보시가 되어서다. 사적으로만 베풀면 자칫 탈나기 쉽다. 받은 사람이 누군지 정확히 각인되어 기대하는 마음도 절로 생긴다. 되돌아오지 않으면 섭섭함이, 탈이 생기기 쉽다. 파전 하나로 원수 될 수도 있다. 전체에 베풀면, 누구에게만 준 것이 아니어서 따로 받을 생각을 않게 된다. 상이 없으니 괴로울 일이 없다.

　보시의 결과가 항상 상대방에서 끝나게 해야 뒤탈이 없다. 이 행위의 결과가 돌고 돌아서 결국 나 좋자고 하는 보시는 다 탈이 난다. 상대가 나로 인해 좋게 되었으면 그걸로 끝! 이어야 한다. 내게 되돌아 올 것을 생각도, 계산도 없어야, 확장된 에너지인 복이 무위이화로 돌아 온다.

　보시는 양이 아니라 마음이다. 보시를 행하는 사람은 그 마음바탕에 전체를 위하는 공익심이 먼저 준비되어야 한다. 전체를 나로 보는 공익심에서 출발해야 참 보시다. 늘 깨어 있어야만 가능하다. 성자들은 항상 깨어 자성을 떠나지 않으므로, 육근 작용 일체가 보시가 된다. 하여, 복덕이 마를 날이 없다. 부러우면 지는건데 참으로 부럽다!

대종사 선원들의 변론함을 들으시니, 한 선원은 말하기를 「같은 밥 한 그릇으로도 한 사람에게만 주는 것보다 열 사람에게 고루 나누어 주는 공덕이 더 크다.」 하고, 또 한 선원은 말하기를 「열 사람이 다 만족하지 못하게 주는 것보다 한 사람이라도 만족하게 주는 공덕이 더 크다.」 하여 서로 해결을 못 짓고 있는지라, 대종사 판단하여 말씀하시기를 「같은 한 물건이지마는 한 사람에게만 주면 그 한 사람이 즐겨하고 갚을 것이요, 또는 한 동리나 한 나라에 주면 그 동리나 나라에서 즐겨하고 갚을 것이요, 국한 없는 세계 사업에 주고 보면 전 세계에서 즐겨하고 갚게 될 것이라, 그러므로 같은 것을 가지고도 국한 있게 쓴 공덕과 국한 없이 쓴 공덕을 비교한다면 국한 없이 쓴 공덕이 국한 있게 쓴 공덕보다 한량 없이 더 크나니라.」

## 28장

### 은밀하게 위대하게

'**구제**할 때에 오른손이 하는 것을 왼손이 모르게 은밀히 하라!' 모름지기 선행은 들키기를, 악행은 들키지 않기를 바라는 것이 본능인 법, 남들이 모르기를 바라는 선행이 얼마나 있을까. 은밀히 하면서도 제발 봐줬으면, 알려졌으면 하는 바람이 마음 저 바탕에 자리하기 마련이다.

자기 입으로 선행을, 보시를 떠벌리거나 자랑 말고 은밀히 하라는 말씀인데, 사실 은밀히 한다고 무상보시는 아니다. 혹시 남이 모를까봐 안달나서 자기 공을 자기 입으로 다 떠벌리며 결코 손해보지 않는 '영리한' 이들도 많다. 대개 양념으로 과장이 곁들여지는게 보통이다. 입 근질거리는 것

참기도 쉽지 않다. 못 참고 자기 입으로 뱉으면 무상보시에는 근처도 못간다. 완전 하수지만, 이런 선행도 안한 것보단 백배 낫다. 본의 아니게 선행이 드러나면 손사래 치며 공을 남에게 돌리거나 겸양하는 보기 드문 인격자도 있다. 공덕이 천배는 더해질 고수지만, 그런다고 무상보시라 할 수는 없다. 겸양이나 입 무거운 것이 무상보시는 아니다. 말을 하고 않고의 문제가 아니다.

무상보시란 입이 근질거리는 것을 잘 참으며 '은밀히' 간직하는 수준이 아니다. 마음이 근질거리는 것, 속으로 떠드는 것도 매한가지다. '내가 이러이러한 선행을 했어, 나는 남들과 다른 사람이야' 하며 속으로 떠드는 소리가 있다. 무상보시는 이처럼 마음 근질거리는 것도 없는 상태다. 애써 잊으려 해도 마찬가지다. 잊으려 하는 그맘도 없어야 한다. 인위적으로 없애려는 어떤 노력으로도 불가능하다. 말해서도 안되고 생각해서도 안되고 잊으려고 노력해서도 무상보시가 아니라면 대체 어떻게 하란 말인가.

무루의 공덕이 오는 무상보시는 깨달음 없이 인위적인 노력으로 도달하는 자리가 아니다. 하나인 진리를 모르면, 상대가 끊어지지 않으면 내가 남에게 무엇을 했다는 상이 없을 수 없다. 내가 따로 있지 않음을 알아야만 무상보시가 가능하다. 전체인 나, 일원인 나를 깨닫지 못하고는 무상보시를 행할 수 없고 무루의 공덕도 오지 않는다.

무위無爲로써 하는有爲 경지가 무상보시다. 온통 나뿐이니, 상대가 없으니 상을 없앨 것 없이 저절로 무상이다. 소위 일체의 '보시'는 일원으로서의 나의 '작용'일 뿐이다. 일체 행이 '그냥' 나한테 한 것이므로 애써 감추려 하거나 잊으려 하지 않아도 아무 흔적도 그림자도 있을 수 없다. 왼손이 모르게 하는 '은밀함'과 견줄 수 있는 단계가 아니다. 왼손 오른손이 따로 없이 일체가 나다. 일체가 나뿐인걸, 내게 하는 것을 어찌 보시라고, 구제라고, 선행이라고 할 수 있으랴. 자기가 자기한테 해놓고 선행했다고 입이 근질근질, 마음이 근질근질한다.

상대가 끊어진 그 절대의 본성을 떠나지 않고 그대로 흘러나오는 작용이 무상보시다. 시방삼계가 나吾家임을 직관해야만 가능하다. 깨쳤어도 내가 선행을 했거니 하는 상이 남으면 다시 상대가 생긴 것, 일원을, 자성을 떠난 증거이니 즉시 알아차릴 일이다.

논공행상論功行賞을 마다하고 아름다운 퇴장을 하는 이들에게 찬사가 쏟아진다. 참 좋은 일이다. 그 마음 안에 '내가 아름다운 퇴장을 하느니' 하는 상까지 없길 바라는건 무리겠지!

한 제자 여쭙기를 「유상 보시(有相布施)와 무상 보시의 공덕의 차이가 어떻게 다르나이까.」 대종사 말씀하시기를 「보시를 하는 것이 비하건대 과수에 거름을 하는 것과 같나니 유상 보시는 거름을 위에다가 흩어 주는 것 같고 무상 보시는 거름을 한 후에 묻어 주는 것 같나니라. 위에다가 흩어 준 거름은 그 기운이 흩어지기 쉬운 것이요, 묻어 준 거름은 그 기운이 오래가고 든든하나니, 유상 보시와 무상 보시의 공덕의 차이도 또한 이와 같나니라.」

## 29장

## 이로운 것이 궁궁을을에 있다 利在궁궁乙乙

**반원**으로 휜 활 두 개ㄱㄱ를 맞대면 원이 되고, 원을 S자ZZ로 가로지르면 태극이다. 궁궁ㄱㄱ은 무극, 일원이고 을을ZZ은 태극, 음양이다. 원ㄱㄱ은 텅 빈 허공이라면, 동시에 생생약동하며 음양ZZ으로 살아 움직인다. 궁궁은 성품이 우주 전체에 가득함을, 을을은 그 성품이 묘하게 음양으로 움직이며 온 우주를 거느림을 말한다. 궁궁ㄱㄱ은 성품의 체, 을을ZZ은 용, 진공이면서 묘유며, 공적이면서 영지한 진리의 다른 말이 궁궁을을ㄱㄱZZ이다.

텅 빈 허공이 신령하게도 스스로 음양으로 살아 움직인다. 그 살아있는 허공이 일체를 만들고 거느리고 없앤다. 텅 빈 허공이 저절로 움직이며 온 우주를 경영한다. 그 위대한 살아있는 허공(궁궁을을)이 정확히 나다. 그 외 다른 나는 없다. 전 우주를 경영하는 텅 빈 밝음(공적 영지), 그것이 지금 보고 듣는자인 나임을 아는 것이 깨달음이다. 나라고 믿었던 육근은 여타의 우주만물과 동급이며, 끈질기게 인연된 '하나의 기질'이다. 육근은, 업장이 아니라 광활한 우주안에서 뜻대로 부려쓸 수 있는, 신앙수행하고 깨달음을 얻게 해주는 은혜로운 도구다.

일체만물은 일원인 한 몸의 구성요소며 한 몸의 작용이다. 그 우주지성인 성품을 떠나지 않고 우주만물이 곧 나인 그대로 일체를 대할 때가 참신앙이다. 안이비설신의 육근동작이 그 자리를 떠나지 않으면 원만구족 지공무사한, 진공으로 체를 삼고 묘유로 용을 삼는 참수행이다.

천상천하 일체가 내것이다. 참수행 참신앙을 하는 이는 우주 안 무진장의 보화를 주물주물하는 조물주다. 이보다 더한 능력자도 부자도 없다. 성품 당체를 깨달아 활용하니 이로움이 무궁무진하다. 살아있는 허공(궁궁을을)을 등기이전한 주인이 무궁한 보물과 능력의 소유주다. 만능 만지 만덕이 저절로 나오니 이보다 더한 이로움이 없다. 가아假我인 육근이 인간세상에서 받는 일체의 복, 이로움에 견줄 수 있는 정도가 아니다. 누구를 상하게 하고 밟고 올라서야 얻는 것이 아닌, 절대적인 이로움이다. 빼앗길 것도 없이 온전하고 안전하다. 그 살아있는 허공(궁궁을을)은 일체중생 모두의 공유물이다. 자성을 떠나지 않는 일거수 일투족은 천지행이 되므로 복혜가 무궁하다. 무진 애를 써서 얻은 세간의 복과 이로움은 길어야 몇십 년이나, 성품을 깨달아 활용하면 영생토록 복혜양족이다.

궁을가는 본성인 궁궁을을 자리를 깨닫게 하는 341행의 장편가사다. 누구나 부를 수 있도록 만든 동요로, 각 행 끝마다 "궁궁을을弓弓乙乙 성도成道로다"가 반복된다. 글자를 모르는 민중들까지 흥얼흥얼 해서라도 깨치기를 바라는 자비 방편이다. 아무것도 안하는 것보단, 이런 노래라도 잊지 않고 간절히 부르다 보면 언젠가는, 혹은 어느 생엔가는 깨침을 얻을 확률이 커진다. 인도나 네팔의 사원에는 심지어, 원통 모양의 돌리는 경전도 있다. 글 모르는 사람들이 진리가 새겨진 글자를 돌리고 만져서라도 깨침의 기연 되기를 바라는 자비심에서 나온 방편일 것이다.

유행가든 궁을가든 간절히 의미를 궁구하는 이에게는 다 깨침의 기연이 될 수 있다. 우리의 성가나 주문이나 경전 말씀들은 최고의 궁궁을을이요 궁을가다. 한글자 한마디, 어느 구름에 비 올지 누가 알겠는가. 범연히 말고 골똘히 궁구하면 어찌 이롭지 아니할까!

조원선(曺元善)이 여쭙기를 「동학 가사에 "이로운 것이 궁궁을을에 있다(利在弓弓乙乙)"하였사오니 무슨 뜻이오니까.」 대종사 말씀하시기를 「세상에는 구구한 해석이 많이 있으나 글자 그대로 궁궁은 무극 곧 일원이 되고 을을은 태극이 되나니 곧 도덕의 본원을 밝히심이요, 이러한 원만한 도덕을 주장하여 모든 척이 없이 살면 이로운 것이 많다는 것이니라.」 또 여쭙기를 「궁을가를 늘 부르면 운이 열린다 하였사오니 무슨 뜻이오리까.」 대종사 말씀하시기를 「그러한 도덕을 신봉하면서 염불이나 주송(呪誦)을 많이 계속하면 자연 일심이 청정하여 각자의 내심에 원심과 독심이 녹아질 것이며, 그에 따라 천지 허공 법계가 다 청정하고 평화하여질 것이라는 말씀이니 그보다 좋은 노래가 어디 있으리요 많이 부르라.」

## 30장

## 나를 기다리지 마시오

언제 올지 모를 님을 기다리다 돌이 됐다는 망부석은 설화든 실화든 한과 슬픔을 느끼게 한다. 미륵불이나 재림 예수, 수운 선생의 갱생을 고대하는 망부석 신앙인 역시 딱하긴 마찬가지다. 집집마다 동네마다 다시 오실 구원자를 하염없이 기다리는 망부석이 즐비하다.

자신을 구원해줄 성자의 갱생을 고대하는 신앙인은 어디서 누가 깨달음을 얻었단 소릴 들으면 진위여부를 시험하려 든다. 수운 선생의 갱생을 기다리다, 소위 개종하여 찾아온 제자는 주세성자 대종사님에게서 이리저리 수운의 흔적을 찾는다. 대표적인 수운의 흔적찾기가 '이적'이다. 그 심중을 꿰뚫으신 대종사님은 '어디에' 의지하는 마음으로 나를 믿지 말라 일침을 놓으신다. '어디'란 '이적'이다. 새 주세성자의 대도정법은 인도상요법이라, 누구나 행할 수 있고 지극히 평범할 뿐, 신비나 이적과는 한참 거리가 멀다. 망부석 신앙인 제자에겐 충분한 실망의 요소다. '이적'으로 법력을 재고 사람에게서 무엇을 얻으려 하면 오류의 연속이다.

오랜 세월 수운 선생의 갱생을 기다리다 대종사님을 만나 '기쁜 마음을 억제할 수 없다'던 제자의 환희심은 심히 위태롭다. 생자필멸이라 아무리 성자라도 생은 유한하니 고대하던 성자의 열반과 동시에 또다시 망부석이다. '님은 갔습니다. 님은 갔지마는 나는 님을 보내지 아니하였습니다' 하며 붙들고 매달린들, 이럴줄 몰랐네, 속았네 땅을 쳐본들 소용없다. 성자를 통해 무엇을 얻으려 하면 늘 성자가 오시기를 기다리고 떠남에 대한 두려움만 반복된다. 유한한 사람만 믿지 말고 그 법을 믿으라는 이유다.

성자의 부활로 구원받으려 함은 어리고 어둔 시대 신앙법이다. 어른된 참 신앙인은 성자의 갱생과 구원을 기다리지 않는다. 자기가 깨침을 얻고 자기가 성자되어 구원한다. 아이가 커서 어른이 되고 중생이 깨쳐 성자가 되는 것이 순리다. 성인成人의 신앙이어야 성인聖人으로 인도한다.

사람만 믿지 말라는 또다른 뜻은 중생의 소견과 변덕심

때문이다. 변덕쟁이 중생들의 그 환희심을 믿을 수 없다. 한눈에 반해 너없인 못살겠다던 사랑의 유통기한, 허니문도 기껏해야 몇개월이지, 슬슬 너땜에 못살겠다는 트집이 차고 넘친다. 좋다고 폴짝폴짝 뛰다가도 한순간에 맘에 드네 안 드네 시비하고 실망하고 돌아서기 일쑤다.

성자의 언행은 아무리 온전해도, 깨치지 못한 중생의 시각으로는 말도 많고 탈도 많다. 부처님 흉을 팔만사천가지나 끄집어내는 중생의 소견과 능력은 경이롭다. 사람의 언행은 보기 따라 각도 따라 다르게 해석되는 법이라, 사람만 믿지 말고 깨달음을 위해 밝힌 법을 알아보는 눈이 있어야 한다. 그 법이 말씀이며, 후에 경전으로 남는다.

본의가 충분히 담긴 원각성존의 경전을 등불삼아 믿고 깨치고 행하기를 놓지 않으면 성자와 한자리에 있다. 스스로 수운 되고 예수 되고 미륵불 되어 살게 된다. 성자를 기다리지 않고 스스로 성자의 자격증을 갖는다. 집집마다 망부석이 아닌 활불이 사는 참 낙원 용화회상이라, 세상을 제도하기 위해 성자가 따로 굳이 오실 일이 없다.

은혜 망극한 대종사님의 색신은 떠났고 모든 꽃다운 님은 간다. 님은 갔지만 님을 기다리지 않는다. 이미 님과 하나이니!

최수인화(崔修仁華)는 여러 대의 동학 신자로 우연히 발심하여 입교하였더니 하루는 대종사께 여쭙기를 「저는 동학을 신앙하올 때 늘 수운(水雲) 선생의 갱생을 믿고 기다렸삽던바, 대종사를 한 번 뵈오니 곧 그 어른을 뵈옵는 것 같사와 더욱 정의가 두터워지고 기쁜 마음을 억제할 수 없나이다.」하거늘, 대종사 웃으시며 말씀하시기를 「그러한 성현들은 심신의 거래를 자유 자재하시는지라 일의 순서를 따라 나신 국토에 다시 나기도 하고 동양에나 서양에 임의로 수생하여 조금도 구애를 받지 아니하시나니라. 과거에도 이 나라에 무등(無等)한 도인이 많이 나셨지마는 이 후로도 무등한 도인이 사방에서 모여들어 전무후무한 도덕 회상을 마련할 것이니, 그대는 나를 믿을 때에 나의 도덕을 보고 믿을지언정 어디에 의지하는 마음으로 믿지는 말라.」

# 대종경 변의품

31 ~ 40

31장

성자 악플족

**가짜**뉴스나 악플로 정신적 고통에 시달리다 자살까지 이르는 사람들이 있다. 남들은 별 생각 없이 던진 말이나 글이 누군가의 정신적 육체적 생명을 좌우하기도 한다는 걸 기억할 필요가 있다. 진짜든 아니든 남의 신상이나 명예에 관련된 이야기를 '~카더라'하며 재미삼아 유포시키다 '아님 말고'식으로 무감각하게 웃어넘기는 사람들, 그들 대부분은 책임지기도 처벌도 어렵다. 설령 지난한 절차와 시간과 에너지를 소진해 가해자를 처벌하거나 사과를 받아냈다 하더라도 그 후유증과 이미 퍼져버린 부정적 이미지의 파급력은 무섭도록 막강하여 피해 당사자의 일생을 망가뜨

린다.

 전문가의 이름으로 신문이나 방송이나 대중 앞에서 하는 말과 글은 검증된 것으로 인식되기 쉽기 때문에, 그들이 누군가를, 혹은 어떤 단체에 대해 다룰 때는 더욱 신중을 요한다. 그 사람이 아니면 그 사람을 모르는 법, 우리가 누군가의, 혹은 어떤 단체의 진면을 다 아는 것처럼 말을 하거나 글을 쓴다면 그건 어불성설이다. 그 사람을 다 안다고 생각하는데 사실 부부도, 형제자매마저도 늘 만나는 친구도 서로가 서로를 다 알지 못한다.

 모처럼 형제자매들이 함께 만나서 각자가 살아온 이야기를 밤새워 나눌 수 있는 기회가 있었다. 그들의 삶의 역사를 그 심리상태와 일생에 끼친 영향까지 듣고 나니 내가 그들에 대해 알고 있는 것이 얼마나 단편적이었는지 깨달았다. 그간 좀 이해되지 않던 면들도 다 수용되면서 시각교정이 이뤄졌다. 누군가에 대해서든 알수록 깊이 이해하게 되지만 그것 역시 거기까지만 알 뿐 다는 아니다. 다 안다고 단정 말고 계속 여지를 둘 일이다.

 잘 알지도 못하면서 한 단체, 특히 한 종단의 스승을 험담하면 치명적인 업을 짓게 된다. 그 험담은 한사람에게만 향한 것이 아니라 일타전피, 관련된 모두에게 상처를 주는 일이라 그렇다. 보기 드문 선지자요 성인인 증산 선생을, 주견이 투철하게 열리지 못하고는 헤아릴 수조차 없는데, 턱도 없는 잣대로, 감히 '광인'이라 입을 놀리는 제자! 한 종단의 스승에게 던진 악담이라 과보가 불가사량이니, 쯧쯧쯧… 되로 주고 말로 받는 극한 고통에 몸부림칠 것이라 심히 두려워하고 삼가라는 호된 경책이다.

남의 말이나, 험담, 악플을 즐기려고 하는 마음이 날 때 '잠깐!'을 외치라. 만약 누군가 제대로 알지도 못하면서 나를, 우리 부모나 가문을, 우리 교단을, 우리 스승님을 그렇게 비난하는 소리를 들으면 심정이 어떨까를 즉각 대입하라. 지금 하려는 이 행동과 말이 반드시 부메랑 되어 되돌아와 내가 당하는 처지가 된다는 걸 명심할 일이다. '그럴 수도 있고 아닐 수도 있는' 확률이 아니라 반드시 똑같이 받게 될 '실재'다! 에누리 없고 덤만 따라붙는다. 심적 부담이나 죄의식 없이 남의 말을 장난삼아 재미삼아 안주삼아 퍼 나르고 검색하고 즐겨 말하고 다닐 때, 그 모든 것은 반드시 그렇게 한 자에게 되돌아오는 법이다. 아닌 경우는 없다!

우주 전체가 나임을 아는 이에게 제일 먼저 사라지는 것이 험담이다. 허공법계 일체가 24시간 365일 훤히 보고 있으니, 만인이 항상 보고 듣는 녹음녹화기, CCTV 틀어놓고 험담하는 것과 같은 상태임을 안다. 험담의 일체는 자기가 자기에게 한다!

# 31

한 제자 남의 시비를 함부로 논평하는 습관이 있어 하루는 증산(甑山) 선생을 광인이라 이르는지라 대종사 들으시고 말씀하시기를 「그대가 어찌 선인(先人)들의 평을 함부로 하리요. 그 제자들의 허물을 보고 그 스승까지 논죄함은 옳지 못하며, 또는 그 사람이 아니면 그 사람을 모르는지라 저의 주견이 투철하게 열리지 못한 사람은 함부로 남의 평을 못하나니라.」 그 제자 여쭙기를 「그러하오면, 그 분이 어떠한 분이오니까.」 대종사 말씀하시기를 「증산 선생은 곧 드물게 있는 선지자요 신인이라, 앞으로 우리 회상이 세상에 드러난 뒤에는 수운 선생과 함께 길이 받들고 기념하게 되리라.」

# 32장

## 개벽 TF팀

요즘 비행기는 과거와 달리 제법 부드럽게 착륙한다. 목적지에 도달하여 충격을 최소화한 연착륙을 하고 있다. 느닷없이 급강하한다면 부작용과 거부감과 충격이 엄청날 것이다.

사람의 마음이나 문화를 바꾸는 일은 무엇보다 연착륙이 필요하다. 건물을 짓거나 부수거나 무정물을 다루는 것과 비교할 수도 없이 복잡미묘한 분야다. 한번에 확 개조시키려 들면 부작용과 거부감과 충격으로 애시당초 목적한 바를 이루기도 어렵거니와 반짝하다가 바로 원상복귀 돼버린다. 정신개벽, 후천개벽, 우주기운을 바꾸는 거대 프로젝트를 완성하려면 그 과정이 쉽지 않고 오래 걸릴 수밖에 없다. 완충재, 연착륙을 위한 긴 시간과 반복학습, 지속적 열정과 정교한 시스템을 요한다.

정신개벽의 연착륙과 확고한 정착을 위해 음부공사로 꾸려진 특별 TF(Tasks Force)팀이 있다. 한시적으로 만들었다가 해당 프로젝트가 완료되면 해산하는 팀이다. 세상을 바꾸는 일은 한꺼번에 되지 않아서, 한 성자가 다 하기에는 인생이 길지 않아서, 시간차를 두고 팀원이 구성됐다. 수운, 증산, 대종사님이 후천개벽의 한 TF팀인 셈이다.

정신개벽 프로젝트가 효과를 발휘하는 기한은 최소 5만 년이며, 개벽 프로그램 완성 기간은 백여 년이다. 1824년, 수운 선생으로부터, 1871년 강증산 선사를 거쳐 1943년 대종사님에 이르기까지 개벽 프로젝트의 연착륙을 위해 성자들이 역할을 나눠 오가면서 순차적으로 완성한 과업이다.

선천기운, 깊은 잠에 빠져있는, 혼몽 중에 있는 일체 중생에게 진리의 소식이 바로 들릴 리 만무다. 목이 쉬도록 설한들 우이독경牛耳讀經이다. 인간 세상에 먼저 내려가 어둠을 걷고 잠든 이들을 깨우는 선발대가 필요하다. 그 역을 맡은 분이 수운 선생이다. 흔들어 깨우는 데에 큰 힘과 많은 방편(이적)이 필요했을 수 있다. 그 다음 역은 증산 선생이 맡았다. 어르고 달래 잠자리에서 일으켜 세워 세수시키고 앉혀놓는 작업을 하신 성자다. 정신 차리고 앉아야 귀한 법이 들어가 정신개벽이 이뤄진다. 이런 저런 충격요법으로 개벽의 선두에 서주신 선구자, 선각자, 선지자들의 고독한 역사가 있어 대종사님의 일원주의, 정신개벽은 꽃필 수 있었다. 이 음부공사팀은 누가 더 우등하거나 열등하지 않은, 나뉠 수 없는 한팀이며 동일한 공덕주다.

대명천지 개벽세상은 선천의 어둠을 걷어내며 순차적으로 오는 것이 맞다. 한번에 확 바뀌면 적응도 수용도 어렵고 실패할 공산이 크다. 선지자들의 앞선 역할 없이 뒷 성자들이 과업을 완성하기 어렵다. 누군가 먼저 왔다 가고 다음 성자들이 연이어 완성을 하고 간다. 개벽의 역사는 그렇게 만들어지는 것이라, '그분들은 미래 도인들을 많이 도왔으니 그 뒷 도인들은 먼젓 도인들을 많이 추존하리라' 하셨다.

소통하는 정치, 민주주의를 실현하려는 새 지도자에게 긍정적인 평가와 기대가 크다. 민주정치의 황무지에서 외로운 선구자가 됐던 선대 지도자들의 공덕 없이 가능하지 않은 공동 결실이다. 민주, 환경, 인권, 평화 등 모든 활동들이 다 그런 맥락 하에 있다. 선구자들의 공덕을 연결하지 못하고 혼자 이룬 양 자만하며 우열을 논하고 비난하는 이는 분명 근시안이다.

김기천이 여쭙기를 「선지자들이 말씀하신 후천 개벽(後天開闢)의 순서를 날이 새는 것에 비유한다면 수운 선생의 행적은 세상이 깊이 잠든 가운데 첫 새벽의 소식을 먼저 알리신 것이요, 증산 선생의 행적은 그 다음 소식을 알리신 것이요, 대종사께서는 날이 차차 밝으매 그 일을 시작하신 것이라 하오면 어떠하오리까.」 대종사 말씀하시기를 「그럴 듯하니라.」 이호춘(李昊春)이 다시 여쭙기를 「그 일을 또한 일년 농사에 비유한다면 수운 선생은 해동이 되니 농사 지을 준비를 하라 하신 것이요, 증산 선생은 농력(農曆)의 절후를 일러 주신 것이요, 대종사께서는 직접으로 농사법을 지도하신 것이라 하오면 어떠하오리까.」 대종사 말씀하시기를 「또한 그럴 듯하니라.」 송도성이 다시 여쭙기를 「그 분들은 그만한 신인이온데 그 제자들로 인하와 세인의 논평이 한결같지 않사오니, 그 분들이 뒷 세상에 어떻게 되오리까.」 대종사 말씀하시기를 「사람의 일이 인증할 만한 이가 인증하면 그대로 되나니, 우리가 오늘에 이 말을 한 것도 우리 법이 드러나면 그 분들이 드러나는 것이며, 또는 그 분들은 미래 도인들을 많이 도왔으니 그 뒷 도인들은 먼젓 도인들을 많이 추존하리라.」

# 33장

## 계룡산 정도령

**천지** 도수나 비결, 예언, 풍수 같은 것을 유달리 신봉하는 이들이 있다. 풍수에 따르면, 혹자는 한반도가 지구의 뇌에 해당하며, 그 뇌의 중심을 계룡산이라 거론하기도 한다. '닭벼슬을 가진 용'처럼 생겼다 하여 계룡산이라 불리는 이 곳은, 좌청룡, 우백호, 북현무北玄武, 남주작南朱雀이라는 명당 조건을 다 갖췄단다. 또한, 산태극수태극, 회룡고조의 지세로, 용이 승천하며 마지막으로 조산을 바라보는 형태의 명당이란다.

이런 명당 계룡산에 정도령이 등극하여 천하를 평정한다하니 권세 꽤나 꿈꾸는 이들, 그중 정씨 성을 가진 남자들이 즐겨 찾을 법 하다. 계룡산에서 몇 년 도 닦았다는 이력이 도꾼들의 필수코스처럼 회자되는 것도 무리는 아닐성 싶다. 과연 계룡산에 들어가 산다고 도통하거나 출세하게 될까?

정해진 신령한 땅은 따로 없다. 진리는, 천지는 길흉이 없다. 한 몸을 놓고 더 길하거나 흉한 부위를 정할 수 없다. 처처물물 허공법계가 다 한몸인 법신이며, 일체는 하나로 작동하는 시스템이다. 시방이 한몸이요 일체가 나뿐이라, 명당 계룡산은 따로 있지 않다. 대산종사는 계룡산이, 주위 산맥들과 맥을 잘 대고, 이웃 산들을 잘 포용하며, 우람한 봉우리들이 많아 천여래 만보살이 나오는 우리 회상의 미래를 상징한다고 등반 후 소감을 밝혔다.

'계룡산에 정도령이 등극하여 천하를 평정한다'는 전래 비결을 대종사님은 이렇게 설하신다. "계룡산이란 밝아 오는 양陽 세상을 뜻하며, 정도령이란 바른 지도자들이 가정과 사회와 국가와 세계를 지도하게 됨을 뜻하는 말이다."

진리를 알아 진리행을 하는 사람이 정도령이며, 그런 정도령들이 사는 곳은 어디나 밝은 세상, 계룡산이다. 정도령은 성씨, 남녀, 신분, 지역, 인종에 무관하다. 진리를 깨쳐 훈련으로 역량을 갖춘, 천하를 다스릴만한 자격이 있는 지도자다. 진리적 종교의 신앙과 사실적 도덕의 훈련으로 삼대력이 충만한 공부인은 다 정도령이다. 그런 정도령이 많은 밝은 세상, 처처불상 사사불공이 널리 행해지는 세상이 계룡산이다. 정해진 계룡산이나 정도령은 따로 없다.

요즘, 공직자 인준 과정에서 청문회를 통과하느라 곤혹을 치르는 모습을 보면 여간 딱한게 아니다. 진작 나랏일 할 공직자 될 줄 알았더라면 안 그랬으련만, 지난 삶의 흔적들을 없앨 수도 부인할 수도 없으니 어쩐담! 밝은 세상(계룡산)이라 증거가 차고 넘쳐 '꼼짝마라'다.

하다못해 줄반장도 앞으로는 정도령에게 돌아갈 것인데, 장차 천하일을 할지 나랏일을 할지 어찌 아는가. "돌아오는 세상(계룡산)에서는 관공청이나 사회 방면에서 인재를 선발할 때, 보통 사람과는 판이한 인격을 가진 훈련된 종교 신자(정도령)를 많이 찾게 될 것이다. 그들은 입신양명할 기회와 권리가 너무 많이 돌아와 수양할 여가를 얻지 못할게 걱정일 것이다."

하루를 돌아보며 상시일기를 점검하다보면 매일 매일이 청문회다. 일원을 밝게 알고 진리행을 하는 이에겐 거리낄 일이 없다. 그런 사람은 대중을 이롭게 할 힘과 지혜가 생겨 가정도 이웃도 천하도 다 잘 다스릴 만한 참 지도자, 정도령이 된다. 지도자 이전에 그 최고의 수혜자는 무엇보다 자신이다. 그러니 그대, 계룡산 정도령 할 용의 없는가!

한 사람이 여쭙기를 「우리나라 전래의 비결에 "앞으로 정(鄭) 도령이 계룡산에 등극하여 천하를 평정하리라" 하였사오니 사실로 그러하오리까.」 대종사 말씀하시기를 「계룡산이라 함은 곧 밝아 오는 양(陽) 세상을 이름이요, 정 도령이라 함은 곧 바른 지도자들이 세상을 주장하게 됨을 이름이니 돌아오는 밝은 세상에는 바른 사람들이 가정과 사회와 국가와 세계를 주장하게 될 것을 예시(豫示)한 말이니라.」

## 34장

### 견성 없이 항마 없다!

항마위는 일체 중생을 불지로 인도할 바른 스승 正師의 자격이 있다. 견성 없이는 정식법강항마위에 오를 수 없다. 항마위는 견성 없이 오를 수 없지만, 견성했다고 다 항마위는 아니다. 견성은 항마의 필수조건이지 충분조건은 아니다.

견성이란 불지를 훤히 본 것이다. 불지를 알아야 그 자리에 이르는 성불도, 그 자리로 안내하는 제중도 가능하다. 공부인의 서원이라 흔히 말하는 '성불제중'이 견성 없이 가능하지 않다는 말이다. 불지(목적지)를 확실히 보지 못하고 일체 중생을 그곳으로 인도할 수 없다. 참 신앙, 참 수행도 마찬가지로 견성 없이는 이뤄지지 않는다. 견성 이후라야 일체가 제대로 출발한다. 글자를 모르면 문장을 읽을 수도 이해할 수도 없는 것이다. 견성 이전의 온갖 행위가 다 의미 없는 것은 아니나, 견성에 대한 의지와 각고의 노력 없이는 다 헛고생이 된다.

면허증이 곧 운전 실력은 아니다. 법강항마위란 육근사용 면허증을 갖춘(견성) 이가 삼학 수행을 지성으로 한 결과, 어떤 상황에서도 육근동작에 안전운전(백전백승)을 하게 된 경지다. 견성 없는 신앙 수행은, 목적지도, 어딜 가는지도 모른 채 운전하는, 소위 오렴수다.

일반적으로 견성에 대해 착각하는 것이 있다. 특별한 사람들만 하는 어마어마한 것일거라 환상을 갖거나, 견성하면 바로 사람이 달라질거라 여기는 것이다. 견성은 모르는 이들이 흔히 생각하는 것처럼 어마어마한 뭔가가 확 보이는 것이 아니며, 견성 그 자체로는 아직 아무 힘이 없다. 목적지가 어딘지를 분명히 보았을 뿐, 아직 성불(목적지 도달)에는 한걸음도 떼지 않은 상태다. 견성을 대원정각과 혼동하면 안된다. 희귀하게 있는 최상근기는 견성 즉시 성불, 육근동작 보보일체가 대성경이 되기도 한다. 대개는 오랫동안 겉으로는 견성 이전과 별반 달라 보이지 않는다. 자기 기질이 오랜 시일 유지되면서 자성반조의 수행을 통해 서서히

달라지는게 일반적이며 변화의 속도는 사람 따라 다르다.

견성은 일원을 본 것이다. 머리로가 아니라 눈앞에 역력히 홀로 밝은 그 실체를 훤히 본 것이다. 일원은 곧 대소유무이니, 그 이치가 훤하게 보인다. 실지의 수박맛을 본 사람은 수박 사진을 본 것과 천지차이다. 수박맛을 봐야 갈증을, 고통을, 생사를 해결해 갈 수 있다. 그림의 수박(머리로 하는 진리이해)은 논쟁에만 쓰일 뿐 삶의 변화에는 아무 영향을 주지 못한다. 진리 따로 삶 따로다. 대소유무의 이치에 걸림 없어야 시비이해를 정확히 알아 법이 백전백승하게 할 수 있다. 대소유무가 곧 나, 일원이니 그대로 살면 참 수행 참 신앙이다. 참나는 허공이므로, 허공은 죽을 수가 없으므로 생로병사가 없다. 가고 올 것이 없어서 저절로 생사해탈이다. 그 자리를 모르고는, 즉 견성 없이는 생사해탈할 수 없다.

성불이란, 훤히 본 그 일원을 육근동작으로 나오게 하는 것이다. 어디에 있는지 어떻게 생겼는지를 알아야 일거수일투족에, 육근동작에 그대로 가져올 수 있다. 자성을 모르고 자성반조할 수 없다. 일원인 나를 떠나지 않고 사는 것이 자성반조며 참 신앙이고 수행이며 성불이고 제중이며 생사해탈이다.

현재의 법위가 실재의 법위와 다를 수 있다. 이름만 항마라면 무엇부터 해야 할 것인가. 에누리 없다! '견성을 못한 사람은 법강항마위에 승급할 수 없나니라!'

34

김기천이 여쭙기를 「견성을 못 한 사람으로서 정식 법강항마위에 승급할 수 있나이까.」 대종사 말씀하시기를 「승급할 수 없나니라.」

## 35장

## 그대의 근기를 모르잖소!

**불가** 용어로 근기根機란 말이 흔히 쓰인다. 법을 받을 수 있는 능력이나 그릇을 뜻하는 근기는 오랜 전생부터 만들어 온 보이지 않는 살림살이다.

항마위 오르기와 여래위 오르기 중 어느 것이 더 어렵냐는 제자에게 대종사님은, 그건 근기 따라 다르다 하신다. 항마하면서 바로 여래위에 오르는 최상근기도 있고 오랜 시일을 항마위에서 지체하는 근기도 있으며, 심지어 특신에서 일초즉입 여래위 하는 근기도 있다.

근기는 종교적 심성이나 법에 대한 이해력, 수행에 대한 태도 등을 종합해 판단한다. 크게 상근, 중근, 하근으로 분류

하지만, 사람 숫자만큼 근기도 각각이다. 근기는 고정된 것이 아니라 인과라서, 상근기도 수행 없으면 낮아지고 하근기도 믿음으로 정진하면 바로 깨칠 수 있다.

불가의 상근기는 세속의 훌륭한 인격이나 풍부한 식견, 영리함과는 무관하다. 불법 만나지 않은 이는 근기에도 안 든다. 불연, 사람 몸, 온전한 몸 받아 태어난 삼난 돌파는 희유한 일이어서, 하근기라도 불법 만난 이는 불연 없는 큰 인격자와 비교할 수 없이 희귀하다. 보통급을 크게 다행한 급이라 하는 건 그래서이다. 내가 곧 부처이며 깨달음이 가능하다는 것을 귀동냥이라도 하게 되는 까닭이다. 입문 자체가 부처되고자 했던 숙겁의 원이 발아한 증거다.

그리 어렵게 와놓고 어찌 감히 이생에 견성이, 항마가, 감히 대각여래위가 말이 되냐며 안 해도 될 겸양으로 마음의 손사래를 친다. 오백생 닦아 성불했다는 부처님에 견주며 그보다 더 아득한 내생사로 던져놓고 불신 속 수행에만 지성이다. 근본을 바꾸는 가능성을 외면하고 겉만 다듬어가는 수행자로, 이생엔 이만큼만 하고 가야지 작정한다. 이생엔 안될거라는데 될 리가 없다. 견성이든 항마위든 여래위든 오르기 어렵다며, 된다는 믿음을 내지 않는 이에겐 오지 않는다. 믿음 없는 신앙 수행은 죽은나무에 거름하는 헛수고다.

심신의 고통 없고 자유자재하기(성불=여래)는 다 원하지만, 어떤 이는 단지 욕망만 할 뿐, '그게 아무나 되나? 이생엔 어렵지!' 하며 원과 행이 갈라진다. 어떤 갸륵한 이는 스스로 깨달음을 얻어 여래될 수 있다는 믿음으로 지금 원과 행을 일치시킨다. 서원과 신분의성은 일체를 가능케 하고 근기도 바꿔놓는다! '그게 쉽나?' 하는 대신, '쉽지 그럼!' 해야 연이 맺어진다. 된다고 믿어야 '된다.'

무슨 일이든, 하려고 하는 이에겐, 무수히 했던 이에겐 쉽다. 밥 먹고 잠자는 것이 쉬운 이유는 숱한 생을 통해 숱하게 해봐서 그렇다. 부처 아님이 없으니, 스스로 부처임을 믿고 지금 부처의 행을 자꾸 하면 부처. 성불을 '언젠가 나중으로' 기다리지 말라. 이내 몸을 이생에 제도 못하면 어느생을 기다려서 제도하리요! 자신제도가 성불인데, 삼난을 돌파해 간신히 찾아와놓곤 다음생 그다음생 기다리다 경쟁률 높아 사람 몸 받는단 보장 못할텐데!

누구도 지금 자기 근기를 진실로 모른다. 전생의 닦음을 알 수 없고, 얼마나 가까이 왔는지 알 수 없다. 영생을 놓고 보면 한생 그저 찰나다! 인과 100%이니, 지금! 인을 심어야 한다. 여래가 곧 나이니, 항마위도 여래위도 내것이라 확신하고 행하면 하근기여도 일초즉입 여래위다. 법위오르기는 근기며 인과지 누구의 것으로 정해있지도 어렵지도 않다!

또 여쭙기를 「보통급에서 항마위에 오르는 공력과 항마위에서 여래위에 오르는 공력이 어느 편이 어렵나이까.」 대종사 말씀하시기를 「그는 근기에 따라 다르나니 혹 최상 근기는 항마하면서 바로 여래위에 오르는 사람도 있고 항마위에 올라가서 오랜 시일을 지체하는 근기도 있나니라.」

# 36장

### 시해법, 그거 어디다 쓰려고?

**시해**법, 참 생소한 단어다. 쉬운 말로 몸과 영혼을 분리할 수 있는 능력이다. 소설 「서유기」에는 손오공이 수련에 매진해 여러 가지 시해법 묘술을 쓰는 장면들이 나온다. 구름타고 순식간에 이동하기도 하고, 털 몇 개 뽑아 입에서 후~ 뱉으면 다른 몸들로 만들어져 나오는 분신술로 싸움을 참 기발하게 잘한다.

마르셀 에메의 소설 「벽으로 드나드는 남자」에서도 시해법 비슷한 것이 나온다. 하급 공무원인 주인공은 우연히 자신이 벽을 통과할 수 있는 능력이 있다는 것을 알게 된다. 상관이 못살게 굴자, 그는 벽을 통과하여 나타나 기절초풍

하게 만들기도 하고, 벽으로 드나들며 부잣집이나 은행 같은 곳을 털어 가난한 사람들을 돕는 영웅이 된다. 현장에서 일부러 경찰에게 잡혀주지만 벽을 통과해 감옥을 빠져나오니 투옥도 소용이 없다. 소설은 비극적이게도 그가 벽을 통과하고 있을 때 그 능력이 사라져버려서 형체 없이 벽에 갇히는 것으로 끝난다.

사실, 시해법에는 이보다 훨씬 다양한 경지와 종류가 있다. 몽유법은 꿈속에서 거니는 것처럼 영혼 상태로 돌아다니는 초보 단계의 시해법이다. 치몽법은 상대방의 꿈속에 들어가 자기 의도대로 꿈을 꾸게 만드는 것이다. 영자유동법은, 수련을 통해 또 하나의 몸인 '영자'를 만들어 자신과 똑같은 형태의 몸이 돌아다니는 일종의 분신법이다. 은령법 역시 분신법이지만, 투명인간처럼 그 몸을 상대방이 볼 수 없다는 점이 다르다. 역시 분신법인 현령법은, 영자를 둘 이상 수없이 분신하는 것으로, 도계 5~6단 이상이라야 가능하다. 섭백법은 남의 혼백을 끌어오는 시해법이다. 멀리 떨어진 갑이라는 사람을 섭백한다면 그쪽에 갑의 육신이 그대로 남아 있는 상태에서 또 하나의 갑이 이쪽에도 나타나게 된다. 도계 5~6단 이상인 사람이라야 가능하며, 역사적으로는 강태공이 섭백을 행했다고 전한다.

이런 시해법들은 옛날 옛적 도사들의 얘기나 공상 만화

속 주인공의 이야기만은 아니다. 그것에만 작정하고 적공하면 행할 수 있는 실현가능한 능력들이다. 시해법尸解法은 어느 위位에 올라야 가능한지 묻는 제자에게 대종사님은 '여래위에 오른 사람도 안 되기도 하고, 견성 못 한 사람도 일방 수양에 전공하면 되기도 한다' 하신다.

허나 그런 시해법 익혀 어디다 쓰려는가? 삼대력 없이 얻은 시해법은 혹세무민 패가망신으로 이끄는 위험천만한 것이 되게 되어있다. 조금이라도 인간생활에 쓸모 있는 것이었다면 시도해보라거나 종종 보여주기라도 하셨을 테지만, 대종사님께서는 '앞으로는 천문지리를 다 통하고 영통을 했어도 인간 사리를 모르면 한낱 조각 도인이라'며 말도 못 꺼내게 하신다.

그러니 시해법 따위 궁금해 하지도 부러워하지도 언급하지도 시도하지도 자랑하지도 말 일이다! 광대무량한 금광 얻는 법을 만나고서 금싸라기 하나 얻으려 온갖 에너지 쏟을 일도 마음시선 둘 일도 못 된다. 법력과는 아무런 상관도 없고, 위험하고 무용한 조각도인만 만들 뿐이니, 그럴 공력 들일 시간이면 일각이라도 더 삼대력 얻기에 공들이라신다. 오직 삼학병진으로 삼대력 갖춘 원만도인이라야 자신과 고통받는 인류를 구원할 수 있노니, 시해법 같은 것 아서라 아서!

## 36

또 여쭙기를 「수도인이 공부를 하여 나아가면 시해법(尸解法)을 행하는 경지가 있다 하오니 어느 위(位)에나 승급하여야 그리 되나이까.」 대종사 말씀하시기를 「여래위에 오른 사람도 그리 안 되는 사람이 있고, 설사 견성도 못 하고 항마위에 승급도 못 한 사람이라도 일방 수양에 전공하여 그와 같이 되는 수가 있으나, 그것으로 원만한 도를 이루었다고는 못 하나니라. 그러므로 돌아오는 시대에는 아무리 위로 천문을 통하고 아래로 지리를 통하며 골육이 분형되고 영통을 하였다 할지라도 인간 사리를 잘 알지 못하면 조각 도인이니, 그대들은 삼학의 공부를 병진하여 원만한 인격을 양성하라.」

# 37장

## 앉아서 죽으나 누워서 죽으나

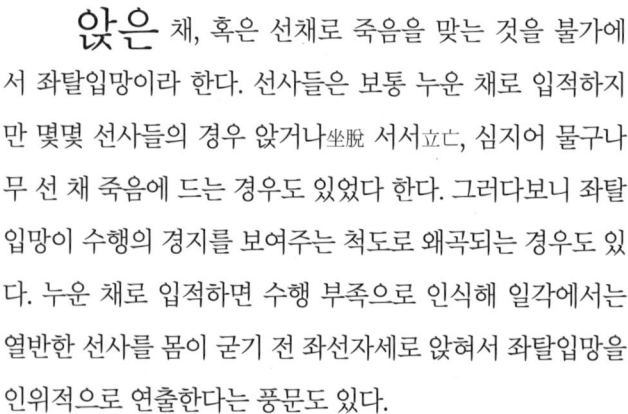

앉은 채, 혹은 선채로 죽음을 맞는 것을 불가에서 좌탈입망이라 한다. 선사들은 보통 누운 채로 입적하지만 몇몇 선사들의 경우 앉거나坐脫 서서立亡, 심지어 물구나무 선 채 죽음에 드는 경우도 있었다 한다. 그러다보니 좌탈입망이 수행의 경지를 보여주는 척도로 왜곡되는 경우도 있다. 누운 채로 입적하면 수행 부족으로 인식해 일각에서는 열반한 선사를 몸이 굳기 전 좌선자세로 앉혀서 좌탈입망을 인위적으로 연출한다는 풍문도 있다.

좌탈입망 자체는 도력을 재는 척도도, 생로병사에 해탈을 얻은 증거도 될수 없다. 앉아서 죽느냐 서서 죽느냐 누워 죽느냐는 법력과 무관하다. 세간에서도 요즘, 웰다잉, 잘 죽는 것이 화두인데, 최고의 웰다잉은 '죽음'이 아니라 생로병사에 해탈하는 '삶'이다. 오랫동안 신앙생활을 해온 나이든 교도들은 젊은 교도들에 비해 죽음을 담담히 받아들이는 경향이 있다. 이런 태도를 생사에 해탈한 공부심의 척도로 여기면 오산이다. 일반인도 나이 들면 죽음을 편안히 받아들이는 경우가 많고, 새들도, 갈 때 되면 조용히 나뭇가지에 앉았다가 명이 다하면 툭 떨어지며 담담히 죽음을 맞이하지 않던가.

한창 젊고 건강할 때, 눈에 넣어도 안 아플 어린 자녀들을 두고, 모든 것이 안정되어 잘 되어가는 상황에서 갑자기 죽음을 맞는다 해도 같은 마음일지 스스로에게 물어보라. 조건이나 상황따라 달라지면 생사해탈의 근처에도 못간 것이다. 웬만큼 나이들어 죽음을 수용하는 것은 섭리에 순응하는 것일뿐, 법력이나 공부와는 무관하다. 고장나고 찌그러진 오래된 차에 대한 애착이 새차보다 덜한 것과 같은 맥락이다. 너무 오래 살지 않고 적당할 때 죽기를 바라는 마음은 생사해탈이 아니라 반대로, 괴로움을 벗어나려는 욕망의 다른 얼굴인 경우가 많다.

혹, 젊은 사람들 중에 지금 죽어도 괜찮다거나, 죽음을 미리미리 준비하는 이들이 있다. 국가나 타인을 위해 기꺼이 목숨을 바치는 이들도 있다. 이런 죽음의 태도는 훌륭하고 의미 있고 다행한 일이긴 하지만 그 자체를 생사해탈이라 말할순 없다.

생로병사 해탈은 반드시 전제조건이 충족되어야만 가능하다. 「생로병사에 해탈을 얻는다는 것은, '불생불멸의 진리를 요달하여', '나고 죽는 데에 끌리지 않는다'는 말이니라.」 하신 말씀에서, 앞구절의 전제조건이 핵심이다. 앞의 전제조건이 충족되면 뒤의 상태는 이어 일어나지만 그 역은 성립하지 않는다. 즉, 나고 죽는데 크게 끌리지 않는다 해서 불생불멸의 진리를 요달한 것은 아니란 말이다. 생멸없는 진리를 '요달'해야, '견성'이 되어야, 참나를 '훤히 보아야만' 생사해탈이 가능하다. 일체가 공한, 텅 빈 허공은 생사가 없으니, 그 '허공'이 '나'이니 애써 노력하지 않아도 이미 생사해탈이다. 불생불멸한 자성을 보지 못하고는 어떤 인위적 노력도, 죽음에 대한 담담한 태도나 좌탈입망도 생사해탈이라 이름하지는 않는다.

생사해탈은 '죽음에 대한 태도'라기보다 나이에 상관없이 생사 없는 자리를 알아, 생사 없는 자리에 머물며, 생사 없는 자리를 활용하는 수행자의 건강한 '삶의 태도'다. 자성을 떠나지 않는 삶이 생사해탈이다. 꽃다운 청춘이든, 자신이든 가족이든 죽음 앞에 웃고 춤출 일은 아니라 해도, 불생불멸한 그 자리에서는 아무도 죽지 않는다는 이 엄청난 천기누설!

또 여쭙기를 「법강항마위 승급 조항에 생·로·병·사에 해탈을 얻어야 한다고 한 바가 있사오니, 과거 고승들과 같이 좌탈입망(坐脫立亡)의 경지를 두고 이르심이오니까.」 대종사 말씀하시기를 「그는 불생불멸의 진리를 요달하여 나고 죽는 데에 끌리지 않는다는 말이니라.」

## 38장

### 최고지도자의 자격과 의사결정

어느 단체나 최고지도자에겐 최고의 영광 이면에 최고의 고난도 뒤따른다. 최고지도자는 어떠한 찬송과 비난 속에서도 한결같이 과업을 잘 이행해야 하지만, 그럴 능력이 있다고 그 자리가 누구에게나 오는건 아니다. 객관적인 통치력이 최고인 이가 대통령이 되는 것이 아니며, 최고 법력자라고 종법사가 되는 것도 아니다. 아무리 원해도, 별 수단을 써도 인연 없으면 비껴간다. 최고지도자는 하늘이 낸다는데, 그 하늘이란 게 인연이다. 그 자리와 인연 있는 사람은 한차례 건너서라도 돌아온다. 사람들은 그를 운이라 말하지만 정확히는 인연과다.

인사나 선거가 끝나면 더 적임자를 두고 왜 그가 그 자리에 앉는지 이해 안 될 때가 있다. 인재를 적재적소에 쓰고 못 쓰고의 문제 이전에 묘한 이치가 먼저 작동함을 우리는 안다. 그 일과 인연이 있고, 그 자리를 통해 어떤 것을 겪어야 할 필연으로 그가 거기 있다. 잘하고 못하고는 다음 일이다.

어느 위치에서 무슨 직무를 맡든, 모든 직무는 보은의 방편이고 인연이지 더 좋고 나쁨도, 높낮이의 문제도 아니다. 우주가 한몸 법신이며, 우주만물은 각각 다른 역할을 맡아 법신으로서의 한몸을 운영한다. 손이, 심장이, 뇌가, 눈이 각각 그 역할이 다를 뿐 무엇이 더 귀하거나 하찮지 않다. 모든 이의 직무는 다 법신인 내 몸을 위해 일을 해주는 것이라 고맙고 소중하다. 종법사 역시 그 보은의 한 방편이며 일터다. 누군가는 맡아줘야 할 그 절대 고독의 업무를 책임져 주는 은혜롭고 감사한 역할이다.

종법사 직무는 아무리 말세라도 항마위 이상이라야 자격이 있다. 항마위는 정사正師, 바른 지도자가 될 수 있는 관문이라 그렇다. 일체의 의사결정이나 법을 설할 때, 대소유무를 근본으로 시비이해를 판단하여 구성원들을 바르게 인도할 지도자正師는, 출중한 인격자이기만 해서는 안되며, 적어도 항마 이상 도인이라야 그 자격이 있다.

당대 종법사보다 법력 높은 도인이 나는 것은 경사스럽

고 자연스런 일이다. 지난시절, 종법사보다 법력 높은 스승님들이 오체투지로 종법사를 공경 예우하는 모습을 보아온 우리는 행운 공동체의 일원이다. 종법사보다 법력 높은 도인이 날 때 법위사정은 대중의 공의를 얻어서 하라시는데, 여기에서 공의를 얻을 대중이란 법위승급에 관련된 업무를 맡은 분들을 일컫는다.

어느 교단이나 창립기에는 깨달음의 혜안을 가진 교조의 절대적 카리스마로 교단이 움직이지만, 교조가 떠난 이후에는 대중의 공의가 의사결정의 안전장치가 된다. 공의가 완벽하거나 최선이어서가 아니다. 멀리 앞을 보는 이에겐 공의의 결과가 훨씬 수준 낮은 것일 수 있다. 앓느니 죽는다고, 사실 양에 차지도 않고 복잡하게만 하느니 혼자서 빠르고 훌륭한 결과를 내는 일이 수없이 많다. 공의를 거치다보면 느리고 복잡하지만, 그래야 뒤탈이 없고, 일이 생겨도 함께 책임지고 이해하게 되며 구성원들의 소외감을 덜어준다. 공의를 거치며 소통하는 일은, 더디더라도 안전하고 함께 행복하게 하는 일이다.

아무리 말세라도 항마 이상이라야 종법사 자격이 있나니, 오죽 가난하고 불행한 종교가가 항마도 안 된 분을 최고지도자로 모시게 되는 상황이리라.

또 여쭙기를 「앞으로 종법사 선거에 어느 위에 오른 분이라야 추대될 수 있사오리까.」 대종사 말씀하시기를 「아무리 말세라도 항마위 이상이라야 종법사의 자격이 있나니라.」 또 여쭙기를 「혹 당대 종법사보다 법력 높은 도인이 날 때에는 법위 승급을 어떻게 하오리까.」 대종사 말씀하시기를 「대중의 공의를 얻어 하나니라.」

## 39장

## 불퇴전위에 오르려 하지 말라

정진심과 공부심이 막 승할 때, 이런 마음이 뒤로 물러나지 않고 쭉 유지된다면 얼마나 좋을까 싶다. 그리만 되면 성불하기 일도 아닐텐데, 마음이 무슨 삼한사온도 아니고, 며칠 안가 풀어져 제자리거나 더 못한 상태로 돌아가니 야속할 따름이다. 지금의 마음이나 좋은 상태가 변치 않으면 좋겠다 싶지만, 이 마음이나 상황이 변치 않고 유지됨이 얼마나 괴로운 일인지 몰라서 하는 소리다. 좋은 것만이 아니라 원치 않는 상황이나 고통, 힘든 기억 역시 지속될 터이니 일체가 변하고 잊혀진다는 것이 얼마나 큰 은혜인가.

'천하의 진리가 어느 것 하나 그대로 머물러 있지 않음'

이 법신불의 자비요 무량은이다. 진리는 불생불멸한 가운데 음양의 기운이 있어, 성주괴공 생로병사 희로애락이 끝없이 오간다. 자신이나 가족, 가까운 지인들과 연관된 경계들, 심신을 건드는 무언가가 끝없이 이어진다.

그런 천만 경계 속에서도 공부심이나 삼대력이 뒤로 물러나지 않는다는 불퇴전은 출가위에 올라야 가능하다. 허나 의사자격을 얻었다고 다 명의가 되는 것은 아니듯, 출가위 자체가 곧 불퇴전도 아니다. 서원과 신분의성으로 임상과 치료를 수없이 하다보면 어떤 병도 다 고칠 수 있는 명의가 되어간다. 단지 직업으로서의 의사를 목표하는 것이 아니라, 제생의세를 목표하는 의사라야 참 명의다. 나 혼자 해탈하여 안분하고자 불퇴전위에 오르기를 목표한다면 불퇴전의 이름표도 붙일 수 없다. 갈애와 욕망으로 불퇴전을 꿈꾸면 헛공부다. 만중생이 사방에서 건져주 살려주 울부짖는데, 사생일신의 출가위 불보살이라면 안분과 해탈을 위해 불퇴전위에 오르리라 작정하지 않는다.

힘을 다 갖춰 불퇴전위에 오른 후 중생제도를 하리라 하지 말라. 정상만을 바라보며 언제쯤에나 저기 오를꼬 하는 마음으로 등산하면 걸음걸음이 힘겹고 공부가 재미없다. 만나는 풍경 일체를 다 정상과 하나로 알고 가면 걸음걸음이 가볍고 은혜롭다. 과정 일체가 정상을 여의지 않음을 알고 기쁘게 가다보면 어느새 정상이다. 평생 먹구름만 쳐다보고 걷어내는 일에 안간힘 쓰지 말고 태양빛만 여여하게 비추면 될 일이다.

불퇴전위는 어떤 경계라도 거부하거나 두려워하지도, 경계로 여기지도 않는다. 마음, 환경, 몸으로 만나는 모든 경계는 중생제도의 만능을 기르는 과정, 임상이며 자료로 본다. 경계와 싸워 이겨 법이 백전백승하며, 심력을 써서 경계에 부동심이 되는 것은 항마위 경지며, 경계 속에 마음고삐를 놓아도 동하지 않는 것이 불퇴전의 출가위다. 체급이 약하면 작은 경계도 크게 느껴지고 고통스럽지만 체급이 워낙 크면 어떤 펀치에도 흔들리거나 고통을 느끼지 않는다. 경계는 똑같이 와도 삼대력이 뭉치고 뭉치게 되면 저절로 불퇴전으로 판이 바뀐다.

불퇴전은 서원과 신분의성으로 끝없이 공부하고 제도하는 과정에서 저절로 도달하는 것이지 따로 추구하여 얻는 경지가 아니다. 한 경계, 티끌 하나가 다 법신이라, 지금 겪는 과정, 천만경계가 다 법계로 변화하여 걸리고 막힘이 없다. 순역간 어떤 경계도 은혜 아님이 없으며, 번뇌가 곧 보리니, 이것이 이른바 나아갈 뿐 뒤로 물러서지 않는 불퇴전이다. 이루려 하지 않아야 비로소 온전히 이뤄지는 법이니!

한 제자 여쭙기를 「어느 위에나 오르면 불퇴전(不退轉)이 되나이까.」 대종사 말씀 하시기를 「출가위 이상이라야 되나니라. 그러나 불퇴전에만 오르면 공부심을 놓아도 퇴전하지 않는 것이 아니니, 천하의 진리가 어느 것 하나라도 그대로 머물러 있는 것이 없는지라 불퇴전 위에 오르신 부처님께서도 공부심은 여전히 계속되어야 어떠한 순역 경계와 천마 외도라도 그 마음을 물러나게 하지 못할지니 이것이 이른바 불퇴전이니라.」

## 40장

## 흰 고양이든 검은 고양이든

'돈오돈수頓悟頓修', 불교계의 큰산 성철스님의 일설로 웬만큼 도를 논하는 이들 사이에 갑론을박이 끊이지 않는 용어다. 돈頓이란 '단번에'란 뜻이니, 돈오돈수는 견성 즉시 단번에 수행이 완성됨을 말한다. 깨침과 동시에 무시선이 되며, 육근동작이 보보일체 대성경, 원만구족 지공무사하게 된 경지다. 「수심결」에서는 '모든 성인이 깨친 뒤에 닦음이 없지 않다'는 돈오점수頓悟漸修를 긍정하고, 「육조단경」에서는 '단박에 깨치고 단박에 닦는 것이지 점차는 없다'는 돈오돈수만 깨침으로 인정하는데 성철스님의 주장은 후자에 속한다.

근기도, 깨침도, 수행도 인과 아님이 없어서 행한 만큼만 정확히 드러내준다. 돈오 후 돈수가 맞느니, 점수가 맞느니 옛 경전 뒤적이며 논쟁하느라 출가 수행자들의 짧은 일생 요란스레 잘도 간다. 과거 숱한 생을 유추컨대 어느 제불제성도 공들이고 공들이는 점수 없이 돈오돈수를 얻지 못하니, 대종사님 말씀처럼 견성도 수행도 천층만층 다르다 인정하고 가면 고요하고 원만하다.

수행자들 소리 높여 도를 다툴 때, 일주문 밖 돌장승은 파안미소 지은 지 오래고, 직관으로 이미 '통'한 이는 조용히 다른 차원을 살고 있다. 등소평의 명언처럼, 흰 고양이든 검은 고양이든 쥐만 잘 잡으면 되는 법, 어찌하든 그 이론으로 결국 '한통'을 하였는가, 하게 해줬는가가 핵심이다.

자성은 본래 청정한 허공이라 '단번에'든 '점차'든 닦을 것이 없다. 일체만물의 공유물인 참나空를 알아, 비춰觀空 머물고養空 행하기를行空 지성으로 하면 결국 실력이 쌓여 일원空의 위력을 얻고 체성에 합해 뭇 성인과 나란히 돈오돈수에 머문다. 무엇이나 계속하는 이 못 당하는 법, 자성 비추기를 마지아니하면 어느새 동녘이 빛으로 훤하다.

이때, 나를 둘로 설정해 암막커튼(가아, 나, 육근, 오온) 친 채 빛(자성, 참나, 법신, 일원)을 보고자 함이 오류다. '내'가 '참나'를 찾는 것이 아니다! 나를 둘로 알면 모든 것이 글러진다. 앞의 '나'는 암막커튼, 그 '나'는 없다! '참나'만 있을 뿐 '또 다른 나'는 없음을 직관함이 깨달음이며 백척간두 진일보의 참뜻이다. 육근, 오온五蘊은 본래 공하여 나로 삼을 것이 따로 없거늘, 그 암막커튼 못 놓으니 한줄기 빛도 못 보고 노동 같은 수행만 하다 간다. 오온이 원래 없음을 직관하면 일체고액이 사라진다照見五蘊皆空 度一切苦厄.

사람으로 태어나 동물들도 다 하는 것들-서열을 다투고(명성, 지위), 좋은 짝 만나 새끼 낳아 기르며(연애, 양육), 먹이활동 하는 것(물질, 돈)-에만 평생 전전하다 가면 허망하기 그지없다. 참나를 알아 살면 그와 같은 세간 복은 구하지 않아도 저절로 넘친다. 어쩌면 마지막 기회일지도 모를 일, 다음 생 기약 말고 각혼覺魂 가진 사람몸 받은 지금 영생사를 해결하라고, 경전 마디마다 성자들의 호념과 당부 천지를 요동한다.

남의 수행 잘잘못 비평하다 하루 가고 일생 간다. 공부 못하는 이들끼리 오답을 정답인 양 맞춰보며 난리하듯, 인생사 온갖 일들 그와 같이 풀어 갈 때, 성자들의 정답 따라 자성 광명 이미 찾아 영생사를 해결하는 이들 보이지 않게 많이 있다. 그러니 조물주며 여래며 법신이며 일원인 그대, 지금 어디를 보고 사는가!

또 여쭙기를 「최상의 근기는 일시에 돈오 돈수(頓悟頓修)를 한다 하였사오니 일시에 오(悟)와 수(修)를 끝마치나이까.」 대종사 말씀하시기를 「과거 불조 가운데 돈오 돈수를 하였다 하는 이가 더러 있으나, 실은 견성의 경로도 천만 층이요 수행도 여러 계단을 거쳐서 돈오 돈수를 이루는 것이니 비하건대 날이 샐 때에 어둠이 가는지 모르게 물러가고 밝음이 오는 줄 모르게 오는 것 같나니라.」

## 성리로 푸는 맛있는 변의품

| | |
|---|---|
| **인쇄** | 2017년 10월 19일 초판 1쇄 인쇄 |
| **발행** | 2017년 10월 27일 초판 1쇄 발행 |
| **지은이** | 장오성 |
| **펴낸이** | 주영삼 |
| **펴낸곳** | 원불교출판사 |
| **출판신고** | 1980년 4월 25일(제1980-000001호) |
| **주소** | 전라북도 익산시 익산대로 501 |
| **전화** | 063)854-0784 |
| **팩스** | 063)852-0784 |

www.wonbook.co.kr

값 10,000원

ISBN 978-89-8076-304-7(03200)

잘못 만들어진 책은 구입처나 본사에서 교환해 드립니다.